EPISODIOS DE LO COTIDIANO EN CEUTA Y EL NORTE DE ÁFRICA EN EL SIGLO XVI

El códice COLCeuta/Lv.01, de la Biblioteca Nacional de Portugal

Joana Bento Torres

INSTITUTO DE
ESTUDIOS CEUTÍES

Colección *Trabajos de Investigación*

Historia y Arqueología

El contenido de esta publicación procede de la Beca concedida por el Instituto de Estudios Ceutíes, perteneciente a la Convocatoria de Investigación de 2020.

© EDITA: INSTITUTO DE ESTUDIOS CEUTÍES
Apartado de correos 593 • 51080 Ceuta
Tel.: + 34 - 956 51 0017
E-mail: iec@iceuties.org
www.iceuties.org

Comité editorial:
Carlos Pérez Marín • José Luis Ruiz García
Adolfo Hernández Lafuente • María José Fernández Maqueira
Guadalupe Romero Sánchez • María Jesús Fuentes García

Jefa de publicaciones:
María Teresa Cuesta Chaparro

Diseño y maquetación:
Enrique Gómez Barceló

Realización e impresión:
Papel de Aguas S. L. - Ceuta

ISBN: 978-84-18642-52-4
Depósito Legal: CE 14 - 2024

Para o António,
que faz parte de todas as realizações

ÍNDICE

EPISODIOS DE LO COTIDIANO EN CEUTA Y EL NORTE DE ÁFRICA EN EL SIGLO XVI

El códice COLCeuta/Lv.01, de la Biblioteca Nacional de Portugal

INTRODUCCIÓN

Este libro pretende poner a disposición de la comunidad científica la transcripción paleográfica de un códice manuscrito de la sección de reservados de la Biblioteca Nacional de Portugal (BNP), el COLCeuta, Lv. 01.

Se trata de un conjunto documental que fue dado a conocer al Archivo Histórico de Ceuta (ACC) en 2013 por el investigador Pedro Pinto, quien subrayó el interés particular de un dibujo esquemático en el que se señalaban las distancias entre distintos puntos de la Almina de Ceuta (ej. puerta de la Almina, la ermita de San Simón, etc.) (*vide* fl. 34). Apreciando su importancia el AAC solicitó su reproducción digital a la BNP para incorporarlo a su acervo institucional.

En 2021 se publicó su índice sumario en una guía de documentación portuguesa sobre la historia de Ceuta de los siglos XV y XVI (Torres, 2021: 376-378) y poco después fueron transcritos algunos de sus documentos, en el ámbito de un proyecto de estudio sobre la construcción de las Murallas Reales de Ceuta, financiado por el Instituto de Estudios Ceutíes[1]. No obstante, el interés de este y otros asuntos reunidos en el códice motivó que se plantease su transcripción integral.

Los temas abordados en este códice son variados, aunque centrados en cuestiones relativas a la vida cotidiana de Ceuta y de su entorno geográfico. En primer lugar, su lectura permite profundizar en diversos aspectos de la administración política, militar y económica de la ciudad, tales como el pago de sueldos y mantenimientos a los trabajadores de la administración y de la milicia; el estado en que se encontraban norias, cisternas y pozos de agua potable; el abastecimiento de alimentos y otros bienes de consumo; o la artillería necesaria para sus estructuras de defensa. Además, se incluyen notas históricas sobre los capitanes de la ciudad, ciertas donaciones y aforamientos de tierras, así como juicios sobre distintos conflictos. Algunos documentos tratan sobre la gestión de servicios, como es el caso de los pagos al alcalde del mar por las mercaderías que salían o entraban en

---

1   Proyecto titulado "La construcción de las murallas de la Ceuta portuguesa: transcripción de documentación inédita", *Convocatoria 2020 de Ayudas a la Investigación IEC*, con la resolución final publicada en el BOCCE n.º 6066, del martes 2 de febrero de 2021.

Ceuta. Se nota también una preocupación en contabilizar la pérdida de vidas o el número de cautivos producidos en los enfrentamientos entre fuerzas cristianas y musulmanas. Por último, hay un interés claro en registrar pareceres de carácter estratégico para la eventual incursión militar del rey D. Sebastião en el Norte de África, dándose muchos detalles geográficos.

Atendiendo a todo lo anterior, la organización de este libro ha supuesto una interacción estrecha entre el portugués y el castellano, intentando facilitar el acceso a los textos en portugués. En ese sentido, se planteó un capítulo introductorio en castellano, que presenta y prepara el lector para la documentación que va a "descubrir". Su objetivo ha sido describir formalmente el códice, presentar los principales temas abordados y averiguar la cronología de cada documento. En segundo lugar, se explicita, también en castellano, la metodología paleográfica que estuvo en la base de estas transcripciones. Después, se presenta el índice documental, que enumera los documentos por orden creciente de su número de folio, preservando la organización original del códice, aun indicando el tema que cada texto trata, así como su fecha de producción y/o copia. Por último, el libro se cierra con la transcripción integral en portugués de cada uno de los documentos y una bibliografía final.

La ejecución de este tipo de trabajos, que publican y divulgan fuentes documentales inéditas y presentadas con lectura paleográfica, condensa, en mi opinión, dos grandes beneficios. Uno, es asegurar la preservación de la documentación histórica para el futuro, perpetuando un patrimonio cultural inestimable para la identidad ceutí. El segundo radica en su potencial para la construcción de un conocimiento histórico novedoso, sea sobre la ciudad, el Norte de África en general, Portugal o el Mediterráneo occidental.

Antes de acabar se debe señalar que este trabajo ha contado con la ayuda técnica y moral de algunas personas e instituciones que no deben ser olvidadas. En primer lugar, hay que nombrar al Archivo Central de Ceuta por haber permitido la consulta de la digitalización de este códice y también al departamento de Reservados de la Biblioteca Nacional de Portugal, que hicieron posible la consulta del manuscrito original esencial para la verificación de las filigranas. También al Instituto de Estudios Ceutíes, que financió y apoyó tanto el proyecto de transcripción inicial como la presente publicación. Aun hay que agradecer al cronista de Ceuta y archivero del ACC, José Luís Gómez Barceló, por propiciar la transcripción del códice y al investigador Pedro Pinto por su eterna generosidad, por llamar mi atención sobre este manuscrito y por los momentos en que compartimos dudas y enigmas paleográficos. Finalmente, me gustaría reconocer el apoyo entusiasta de compañeros de investigación y amigos, dentro y fuera del IEC, especialmente a

Andreia Torres por la revisión del texto en castellano, a Fernando Villada Paredes por la revisión y aportes al texto final, y a André Teixeira por su revisión y soporte incondicional.

El Códice

Este códice tiene un formato *in-folio*, con encuadernación en pergamino. Su lomo fue cosido con tres tiras de piel, presentando un cierre de dos tiras de pergamino en el corte delantero. En la cubierta tiene la marca oficial de propiedad de la Biblioteca Nacional de Lisboa, actualmente Biblioteca Nacional de Portugal, en tinta negra. Las contra-guardas son de un papel grueso, que parece haber sido aplicado en una restauración moderna del documento (fig. 1). Por su parte, las guardas utilizan el mismo tipo de material que las contra-guardas, presentando la misma señal de propiedad de la cubierta. La primera guarda tiene además una

1. Cubierta del códice COLCeuta, Lv. 01

13

señal, en tinta roja, diciendo «COMPRA» (fig. 3), que aparece también en el primer folio. Esta marca habría sido añadida en el momento de adquisición de este manuscrito por dicha biblioteca.

2. Marca negra de propiedad «Biblioteca Nacional de Lisboa».

3. Marca de tinta roja «COMPRA».

Todos los folios del manuscrito tienen el sello en tinta negra de la Biblioteca Nacional de Lisboa (fig. 2), con la excepción de los folios 3, 22 y 45. Colocada entre la guarda y el primer folio del manuscrito se encuentra una estrecha hoja pautada moderna (22,3 cm de largo x 11,15 cm de altura), con once líneas, donde se puede leer:

«Códice sobre assuntos referentes a Ceuta (listas de pessoas que serviram nessa cidade, escrituras várias, pareceres, etc.)

(É de letra do sec*ulo* XVI e tem uma capa de pergaminho.)

| Papel | 53 folios | 325 x 338 | manuscrito» |

Esta breve caracterización del códice por parte de los archivistas consistió en la identificación del tema central y la cronología –Ceuta en el siglo XVI– a partir de un análisis de la caligrafía. Además, su contenido quedó ejemplificado en tres tipos de documentos: listados de personas, escrituras y pareceres.

Efectivamente, dentro de la cubierta de pergamino se encuentra un bloque cosido de 53 folios manuscritos, tal como se indicaba en la descripción de la hoja pautada puesta sobre la primera guarda. En total se trata de 28 documentos individuales, que corresponden a 93 páginas manuscritas (82 páginas de texto transcrito). Cada folio está numerado en la esquina superior derecha con lápiz, del uno al cincuenta y tres, y está además subrayado. Creemos que esta numeración se escribió cuando la Biblioteca Nacional compró el códice y se procesó archivísticamente. Posiblemente también en ese momento se incorporaría también la hoja pautada con su breve descripción y las marcas de propiedad. En la contra-guarda de la contracubierta, pegada a la hoja de papel, hay una pequeña tira de pergamino que debió pertenecer al lomo original de este conjunto, con 29,3 cm de ancho por 3,8 cm de largo. En ella aún se notan los negativos de las tres tiras de pergamino que la unirían al resto de la cubierta (tal como hoy), y en la que se puede leer con alguna dificultad lo siguiente:

«Aver[…] de D. Ped[ro] da Cunha a el Rey»

Se trata de un valioso dato, al que volveremos más adelante para justificar la autoría y datación atribuida a este códice. No está claro cuándo se realizó la restauración del manuscrito, pero es probable que con su incorporación a la colección de reservados de la biblioteca se llevaran a cabo procedimientos de conservación preventiva, reparando sus cubiertas de pergamino y completando los folios originales, parcialmente rasgados. Si es innegable que los trabajos realizados entonces garantizaron su buen estado de preservación hasta nuestros días, también es cierto que, en casos puntuales, el papel pegado ha comprometido la lectura de algunas líneas de texto.

Las medidas de la capa de pergamino son de 22,7 cm de largo por 32,6 cm de altura, un poco mayores que la dimensión de sus folios manuscritos de 21 cm x 30,9 cm (fls. 1-4), de 22 cm x 31,3 cm (fls. 5-22), de 20,9-21,4 cm x 30 cm (fls. 23-24), de 21,4 cm x 30,2 cm (fls. 25-28), de 20,9-21,5 cm x 31,3 cm (fls. 29-32), de 21,5 cm x 31 cm (fls. 33-35), de 19,2 cm x 29,4 cm (fl. 34), de 20,2 cm x 39,2 cm (fl. 36), de 20,4 cm x 29,1 cm (fls. 37-40), de 22,3 cm x 31,2 cm (fls. 41-42), de 21,5 cm x 30,4 cm (fls. 43-45), de 19,9 cm x 28,2 cm (fls. 46-47), de 20,5 cm x 30 cm (fls. 48-49), de 22,2 cm x 31,4 cm (fls. 50-54) (*vide* tabla 1). Merece la pena destacar que, en el caso del folio 34, no está cosido al lomo del bloque como los demás, sino en el medio del verso del folio 33.

El examen del contenido de este códice permite concluir que efectivamente esta es una compilación de documentos que tratan sobre temas y acontecimientos de la segunda mitad del siglo XVI, que incluye además copias de textos originalmente fechados en la segunda mitad del siglo XV (ej. documentos n.º 11 y 12) y en la primera mitad del XVI (ej. documentos n.º 17 y 18). Los documentos más tardíos parecen haber sido copiados alrededor del año 1578 (ej. documentos n.º 28 a 31), aunque su redacción original pueda haberse realizado un par de años antes. La gran mayoría de los textos son copias de originales o posiblemente notas importantes para la organización y administración económica y político-militar de la ciudad de Ceuta.

La alusión al capitán D. Pedro da Cunha en el supuesto lomo original puede ser un indicativo cronológico de cuándo se empezó a recopilar este conjunto de documentación sobre la historia y administración de la ciudad de Ceuta y su entorno. Efectivamente, en el propio códice hay muchas referencias directas e indirectas a D. Pedro da Cunha. Así, en el primer documento, la persona que aconseja al rey D. Sebastián sobre su nuevo regimiento para la atribución de encomiendas, indica que consultó a D. Pedro por su experiencia en el tema (*vide* fl. 3). En el segundo texto se identifica a D. Pedro como el capitán de la ciudad de Ceuta en ese momento (*vide* fl. 5). De hecho, D. Pedro da Cunha fue capitán de la Armada del Estrecho al menos entre 1550 y 1554 (Godinho, 2003: 127, 131, 135), asumiendo el cargo de capitán de Ceuta, de manera provisional, desde el fallecimiento de D. Pedro de Meneses en abril de 1553 hasta finales de ese año (Correa de Franca, 1999 [c. 1750]: 177-178; Mascarenhas, 1918 [1648]: 295). Casi una década después, en 1564, fue nombrado capitán de dicha ciudad por el rey y destituido formalmente en 1567[2], aunque interinamente fue sustituido desde 1565 (Mascarenhas, 1918 [1648]: 295). La referencia al año de 1564 en el folio 14v del documento n.º 3 (fig. 4) refuerza la idea de que fue la llegada de D. Pedro da Cunha como capitán de Ceuta lo que motivó la compilación documental.

Para intentar comprender mejor la naturaleza y el modo cómo se compuso este códice, nos pareció pertinente analizar las caligrafías y marcas de agua, además de intentar identificar los personajes y sucesos citados en él. Este trabajo podría además contribuir para afinar su cronología, ya que son muy pocas las referencias a fechas.

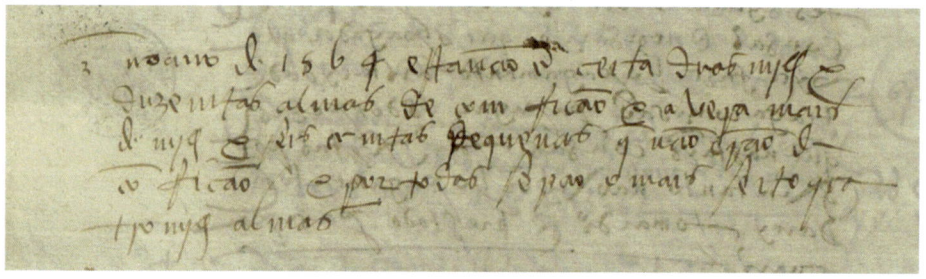

4. Referencia al año de 1564, donde se escribió con la caligrafía A (COLCeuta, Lv. 01, fl. 14v).

---

2. ANTT, Corpo Cronológico, I, mç. 108, n.º 46.

La primera caligrafía, que llamaremos de A (fig. 4), surge en la redacción de los documentos: n.º 6 (fl. 18); n.ºs 12 y 13 (fls. 24 y 24v); n.º 19 (fls. 32-32v); n.º 25 (fls. 41-42v); n.º 27 (fls. 46-47); n.º 28 (fls. 48-49v); n.º 31 (fl. 53); de los primeros tres párrafos del documento n.º 23 (fl. 36); y en partes de los documentos n.º 29 (último párrafo del fl. 50v, y fls. 51-51v) y n.º 30 (inicio del fl. 52). Aparece también en anotaciones posteriores al inicio de la redacción de ciertos documentos: en el verso de la última página del documento n.º 3; al margen izquierdo y al final del documento n.º 4 (notas al pie 54, 58, 59 de los fls. 16-16v); la octava, decima-primera, decima-segunda y decima-tercera entradas del documento n.º 7 (fl. 18v); en el margen superior derecho del documento n.º 10 (fl. 22v); en el título del documento n.º 15 (fl. 26) y desde la entrada vigésima primera en delante (fls. 27-27v); la última entrada del documento n.º 16 (fl. 28); y en una breve anotación localizada en el margen izquierdo del documento n.º 26 (fl. 43). Es este el autor que más escribe en el códice, bien redactando documentos completos o realizando anotaciones o adiciones a otros que no son de su autoría. Se trataría de un escribano de mayor importancia, con funciones de supervisión y de responsabilidad, además muy cercano al capitán de Ceuta.

Otra caligrafía, que referiremos como B (fig. 5), se identifica en los documentos: n.º 2 (fls. 5-10); en la última parte del documento n.º 4 (fl. 16) y en la novena y décima entradas del documento n.º 7 (fl. 18v).

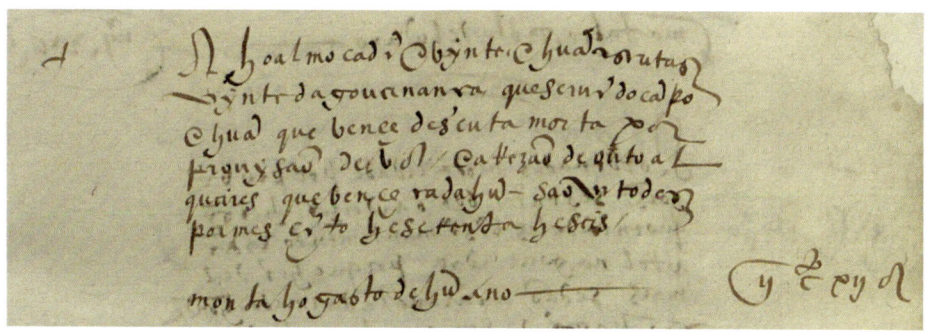

5. Muestra de la Caligrafía B (COLCeuta, Lv. 01, fl. 8).

La caligrafía que llamamos C (fig. 6) se utiliza en los siguientes documentos: en el n.º 3 (fls. 11-14); en la mayor parte del documento n.º 4 (fls. 15-16); en el n.º 5 (fls. 17-17v); en el título y en la primera, segunda, quinta, sexta y séptima entradas del documento n.º 7 (fl. 18v); en el documento n.º 8 (fls. 19-20) y en el n.º 10 (fl. 22v).

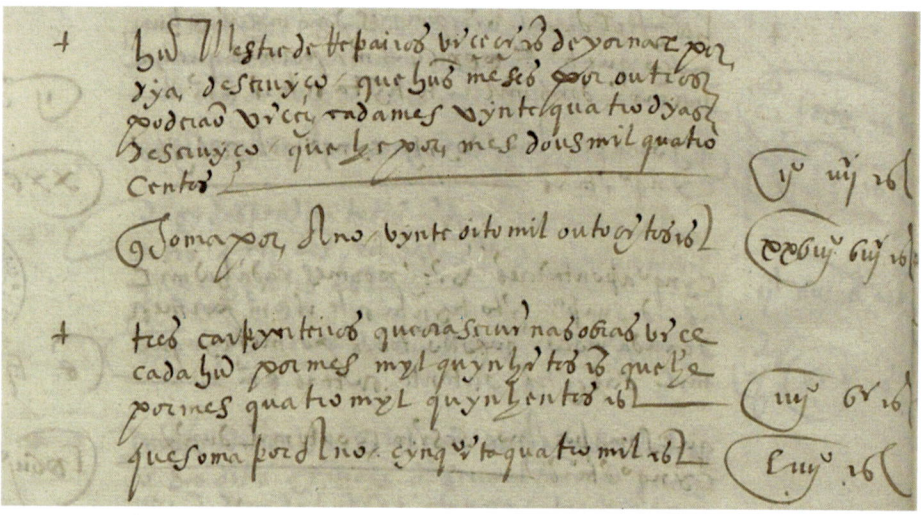

6. Muestra de la Caligrafía C (COLCeuta, Lv. 01, fl. 12v).

La caligrafía D (fig. 7) se utiliza en los documentos n.º 14 (fl. 25v), n.º 22 (fls. 35-35v), así como en la tercera y cuarta entradas del documento n.º 7 (fl. 18v).

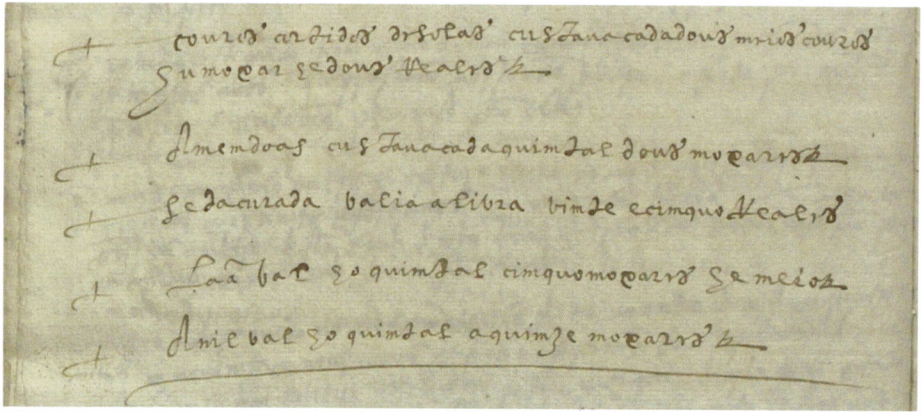

7. Muestra de la Caligrafía D (COLCeuta, Lv. 01, fl. 25v).

La caligrafía E (fig. 8) aparece en los siguientes documentos: el n.º 11 (fls. 23-24); el n.º 15 (fls. 26-27); el n.º 16 (fl. 28); el n.º 17 (fls. 29-29v); y el n.º 18 (fls. 30v-31).

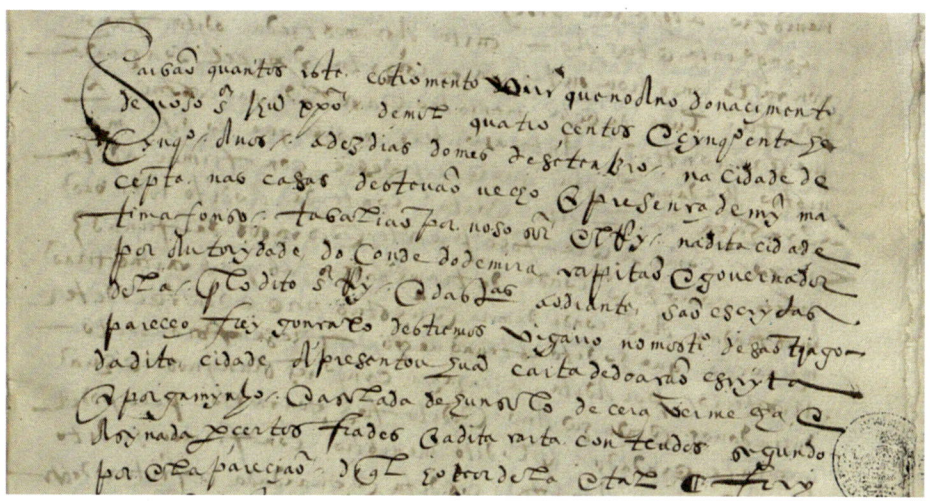

8. Muestra de la Caligrafía E (COLCeuta, Lv. 01, fl. 23).

La caligrafía F (fig. 9) se utiliza en parte de los documentos n.º 29 (fls. 50-50v) y n.º 30 (fls. 52-52v).

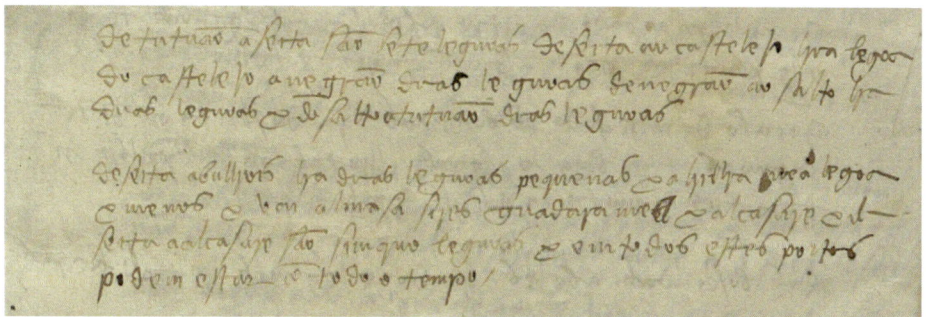

9. Muestra de la Caligrafía F (COLCeuta, Lv. 01, fl. 50v).

Por último, se registran ocho caligrafías (de G hasta N) que solo se encuentran una vez en todo este conjunto documental. Algunas de ellas han sido utilizadas en la escritura de todo un documento, sin que intervinieran otros autores (G, H, I y M); mientras que las otras aparecen conjugadas en un mismo documento, elaborado de manera conjunta o en diferentes momentos (J, K, L y N). La caligrafía G se emplea en el documento n.º 1 (fls. 1-4v) (fig. 10); la caligrafía H en el n.º 9 (fls. 21-21v) (fig. 10); la caligrafía I en el n.º 20 (fl. 33) (fig. 10); las caligrafías J y K se usan ambas en partes del documento n.º 21 (fl. 34) (fig. 11); la caligrafía L en una parte sustancial del documento n.º 23 (fls. 36-36v) (fig. 11); la caligrafía

M en el documento n.º 24 (fls. 38-39v) (fig. 11) y la caligrafía N sólo se emplea en el documento n.º 26 (fls. 43-45v) (fig. 12) (*vide* tabla 1).

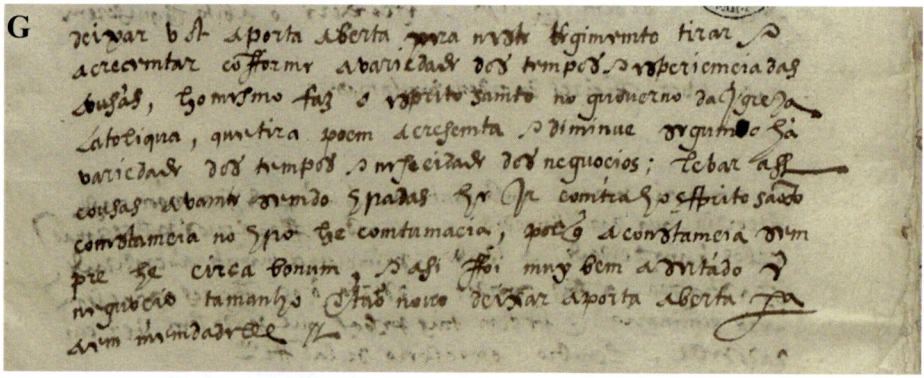

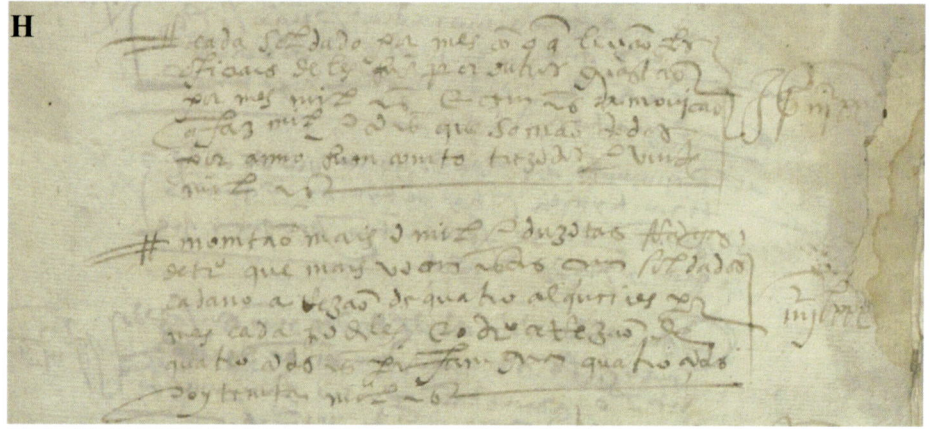

10. Muestras de las Caligrafías G, H e I (COLCeuta, Lv. 01, fl. 1, 21 y 33).

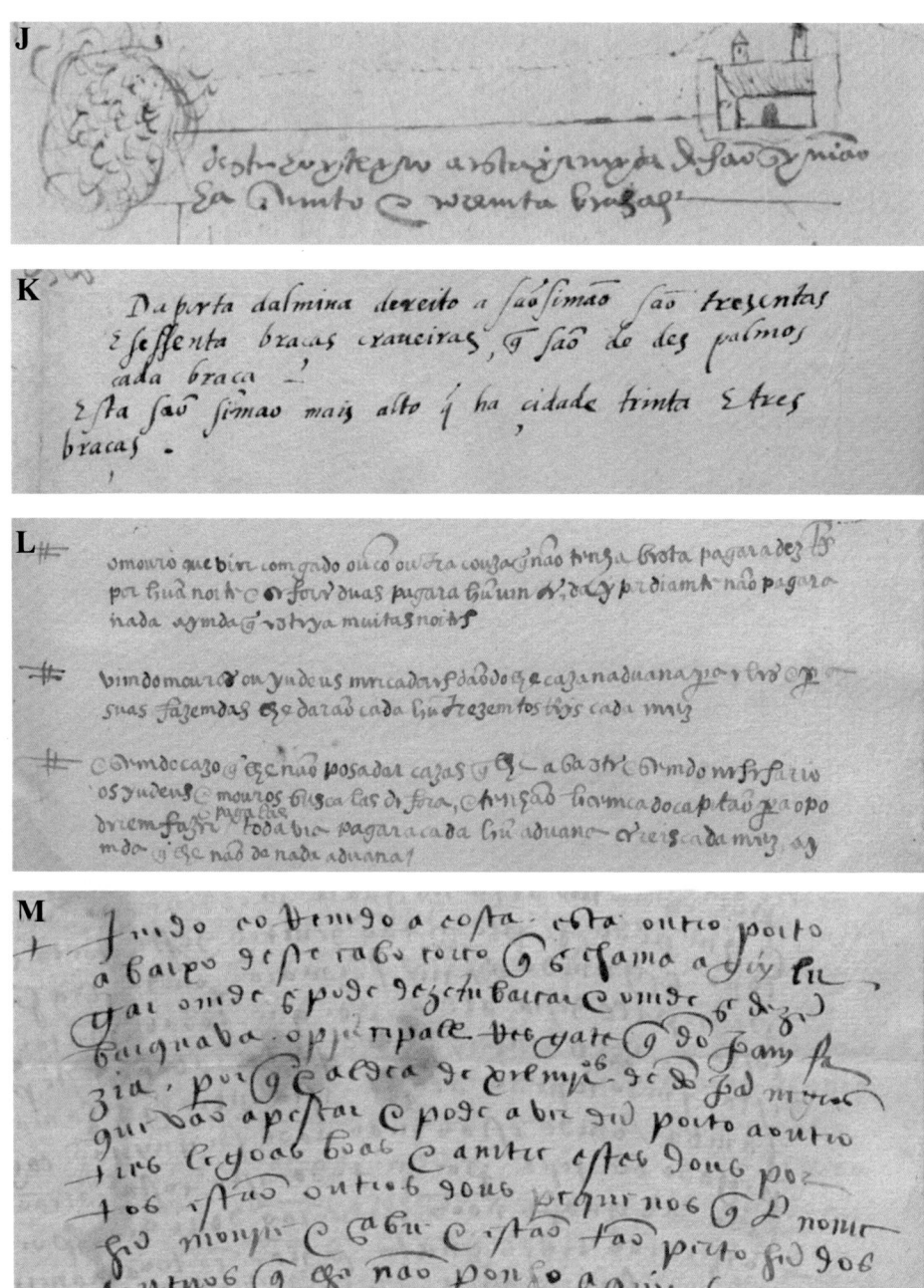

11. Muestras de las Caligrafías J, K, L, M (COLCeuta, Lv. 01, fl. 34, 34, 36 y 38).

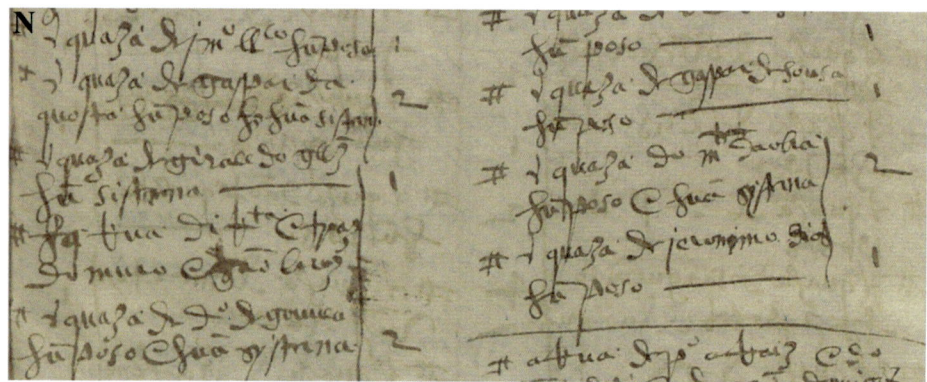

12. Muestra de la Caligrafía N (COLCeuta, Lv. 01, fls. 45).

La existencia de estas catorce caligrafías, identificadas de A hasta N, apunta la presencia de al menos catorce personas con funciones de escribano, que utilizaron además catorce tipos de papel, como atestiguan las marcas de agua que detallaremos más abajo.

No obstante, al margen del escribano A, transversal a todo el periodo en que se forma este conjunto documental, todos los restantes podrían ser personas que prestaran sus servicios de manera temporal en Ceuta. A partir de mediados del siglo XVI, la administración corriente de la ciudad de Ceuta necesitaba de un número significativo de escribanos y apuntadores, estos últimos de menor categoría que los escribanos, a los que auxiliarían en aspectos más mecánicos y de menor responsabilidad. Ejemplo de eso son los tres escribanos (un escribano de la matrícula y de los pagos de las obras, un escribano de las municiones y un escribano, que es apuntador, de la compañía[3]) y cinco apuntadores (de las obras) mencionados en los documentos n.º 2 y 3 de este códice, a pesar de que aquí solo se detallan personas conectadas con la defensa y obras de la ciudad de Ceuta. A estas ocho personas habría que añadir los cargos de escribano del almojarifazgo[4]

---

3   En 1564, se identifica Pero Lopes de Vasconcelos como escribano de la matrícula de los soldados (Esaguy, 1939: 30), estando el mismo cargo a la responsabilidad de Manuel de Escobar en 1586 (Esaguy, 1939: 14). En 1566, Pedro Arrais se identifica como escribano de la aduana, lo que puede indicar que estes dos cargos eran acumulados por la misma persona (Esaguy, 1939: 140)

4   En 1556, Luís Ribeiro es nombrado escribano del almojarifazgo (Braga e Braga, 1998: 105-106; Torres, 2021: 326). En 1564 es Cosmo Vidal que surge con esto mismo cargo (Esaguy, 1939: 30), y en 1585 y 1586 aparece nuevamente un Luís Ribeiro con esta función (Esaguy, 1939: 53, 130-131).

y de escribano de cuentas[5]. Esto significaría sumar dos escribanos más a la serie anterior, pero es muy probable que existieran muchos más en la administración, auxiliados por otros tantos apuntadores, lo que explicaría fácilmente la cantidad de caligrafías distintas aquí detectadas.

Otro importante elemento para la caracterización de este códice es la identificación de las filigranas de su papel, también designadas como marcas de agua. Estas marcas transparentes son el resultado que dejaban los signos en filigrana añadidos al molde metálico del papel, entre sus "corondeles" (líneas verticales) y "puntizones" (líneas horizontales), mientras la pasta de papel se secaba en esos moldes (Dias, 1994: 29-30). Las primeras filigranas aparecen en Italia en el último cuarto del siglo XIII y a partir de allí se difundió su uso, existiendo una amplia multitud de filigranas distintas (Hunter, 1978: 260). Se ha sugerido que podrían servir inicialmente como identificación para las tallas de los moldes del papel, como marcas comerciales, o incluso como elementos únicamente simbólicos (Hunter, 1978: 258). La proliferación de estos emblemas a partir de la Edad Media tardía hace que los investigadores asocien genéricamente estas marcas a distintos fabricantes de papel (Dias, 1994: 29-30).

Suelen asumir formas muy variables, desde letras y objetos a elementos antropomorfos, entre otras. A partir del siglo XVI, con el aumento exponencial de las producciones de papel y de la falsificación, se asocian recurrentemente los dibujos a las letras, lo que algunos autores interpretan como una "contramarca" de algunos productores con el objeto de identificar aún más concretamente su papel (Gaudriault, 2005: 226-227).

En este análisis se encontraran catorce signos, que describiremos individualmente y que en seguida se agruparán en clases, subclases y subgrupos, según el índice de clasificación de la Asociación Internacional de Historiadores del Papel (IPH Norm 2.1.1, 2013).

La primera marca que se reseña es una esfera armilar (1,7 cm), con un círculo pequeño en un extremo y una estrella de seis puntas en el opuesto (altura total 4,5 cm), presente entre los folios 1 y 4 (fig. 13 y 14). La segunda, tal y como la primera, presenta una esfera armilar (circulo de 1,9 cm con una banda diagonal), encimada por una pequeña estrella de cinco puntas, y abajo con una gota (altura

---

5   En 1564 (Esaguy, 1939: 30-31) se identifica Pedro Arrais como escribano de las cuentas. Ya en 1585 surge dos personas asociadas a este mismo cargo, el dicho Pedro Arrais (Esaguy, 1939: 3) en octubre de 1585 y Simão Dias de Miranda en diciembre de 1585 que se dice "sirve de escribano de las cuentas", una sutileza lingüística que parece indicar que estaría desempeñando el cargo en sustitución de su titular (Esaguy, 1939: 53).

total de 4 cm), surgiendo solamente en el revés del folio 29[6] (fig. 14). La tercera tiene una composición semejante a las anteriores, también con una estrella de cinco puntas en la extremidad, pero al interior de su "esfera" aparecen dos semicírculos opuestos; con una altura total de 4 cm, y está presente en el folio 49 (fig. 15). En general, estos tres tipos se enmarcan en la clase "Cielo, tierra, agua" (J), subclase "esfera" (J4), aunque las dos primeras pertenecen al subgrupo "esfera armilar" (J4/2) y la tercera al subgrupo "esfera" (J4/1) (IPH Norm 2.1.1, 2013: 46-48; Santos, 2015: 72). Según el diccionario de C-M Briquet estas marcas también se integran en el símbolo "sphère" del tipo n.º 13995-14.072. Tradicionalmente se atribuye su producción a la región sudoeste francesa, principalmente en la zona de Angoumois, a mediados del siglo XVI (Briquet, 1923, IV: 689-690).

fl.1

13. Fotografías del primer tipo de filigrana identificado en el códice (COLCeuta, Lv. 01, fl. 1);

---

6   N.E.: se parece con la marca MJ 62, de un manuscrito de 1564 (Santos, 2015: 52).

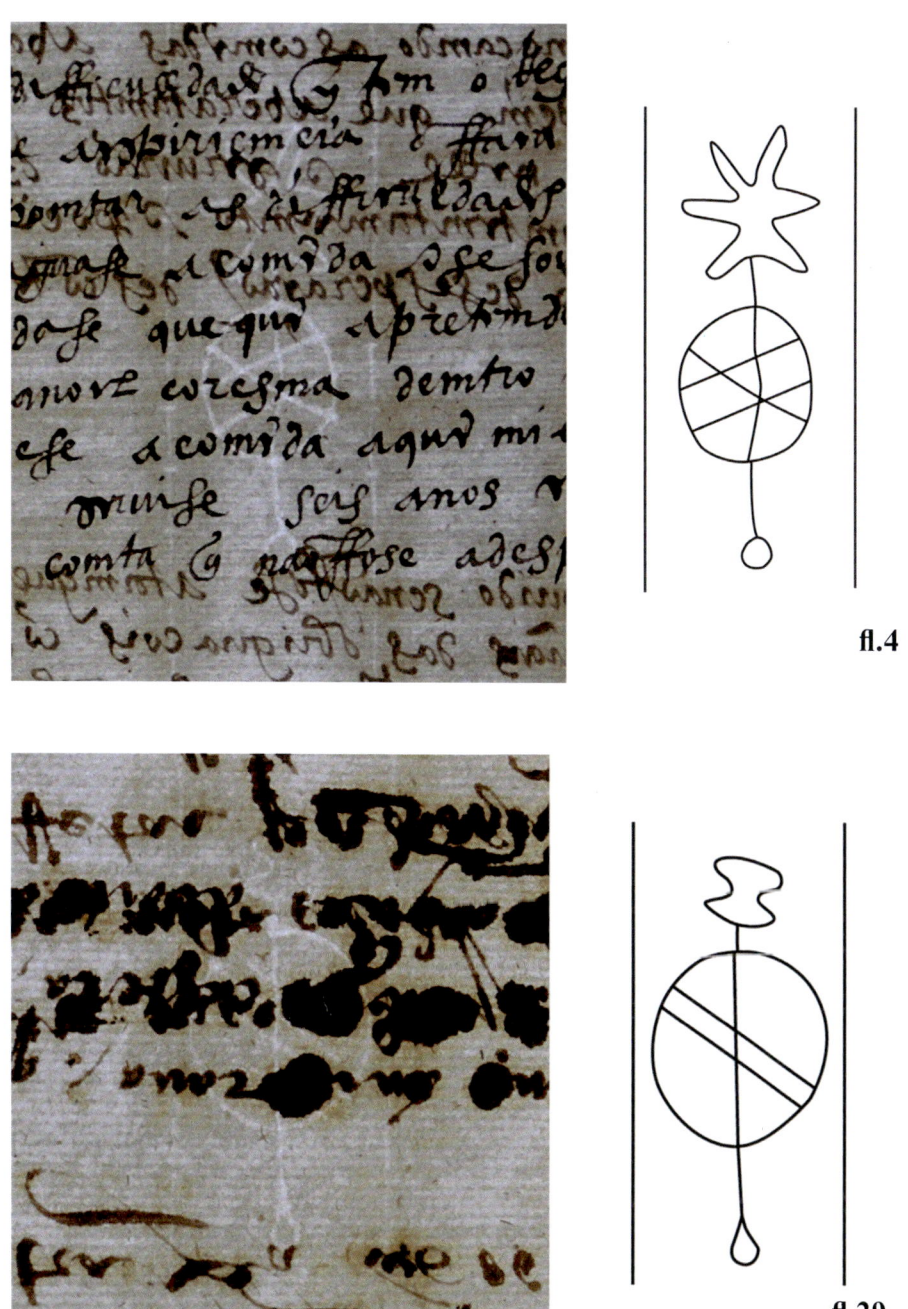

fl.4

fl.29

14. Fotografías del primer y segundo tipo de filigrana identificado en el códice (COLCeuta, Lv. 01, fl. 4 y 29);

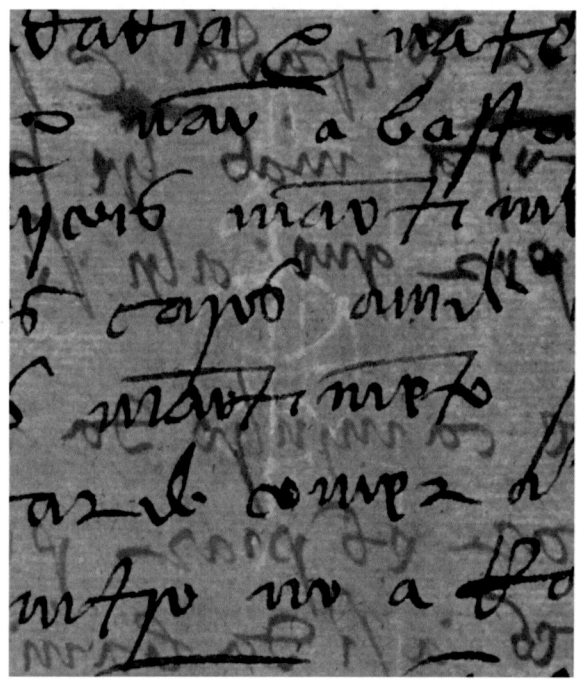

fl.49

15. Fotografía del tercer tipo de filigrana identificado en el códice (COLCeuta, Lv. 01, fl. 49);

La cuarta, quinta, sexta, séptima y octava marcas de agua presentan el perfil de un hombre con barba, mirando a la derecha, tocado con un sombrero de ala, una capa hasta las rodillas, a veces con un ropaje decorado con espirales, y lo que se supone ser un bastón o lanza sobre los hombros, todo ello inscrito en un círculo. En la base del círculo surgen en ocasiones dos letras que suelen variar. La cuarta corresponde a una versión con las letras "I B", teniendo una altura total 6,2 cm, con un círculo de 4,4 cm de diámetro y, y se documenta en los folios 5, 7, 9, 12, 14, 16 y 18 (la marca se identifica al revés en los dos últimos folios) (fig. 16). La quinta marca presenta las letras "A B", siendo su altura total de 6 cm, con un círculo de 4,5 cm de diámetro; sólo aparece en el folio 19 (fig. 16). La sexta tiene las letras "I M" y una altura total de 5,9 cm, con un círculo de 4,4 cm de diámetro; la marca surge al revés en el folio 22 (fig. 17). La séptima exhibe las letras "B R P", con un círculo de 4,3 cm y una altura total de 5,6 cm, y la marca surge al revés en folio 35 (fig. 17). La octava marca suele incluir dos letras, que se parecen a "B P", aunque difíciles de comprender, teniendo el circulo 4,3 cm y una altura total de 5,6 cm, y la marca surge al revés en el folio 45 (fig. 18). Estas marcas pertenecen a la clase de "Figura humana; hombre; partes del cuerpo humano" (A), estando las cuarta a séptima en la subclase de "Hombre" (A4) y subgrupo "Mensajero, caminante" (A4/4) (IPH Norm 2.1.1, 2013: 21-22; Santos, 2015: 69). Este personaje deberá tratarse de un peregrino, si tomamos en cuenta la denominación utilizada en documentación italiana sobre un tipo de papel llamado de *pellegrino*. El origen de esta producción se atribuye a oficinas lombardas y genovesas, de mediados del siglo XVI (Briquet, 1923, II: 415, n.º 7567-7603). Los primeros dos "hombres" se parecen formalmente al n.º 7590, pero presentan otros anagramas. El n.º 7590 se encuentra fechado por un documento de 1569, con 31,4 x 44 cm (Briquet, 1923, II: 416).

fl.14

fl.19

16. Fotografías de las filigranas cuarta y quinta del códice. La cuarta tiene las letras "I B" (COLCeuta, Lv.-01, fl. 14) y la quinta las letras "A B" (COLCeuta, Lv.-01, fl. 19).

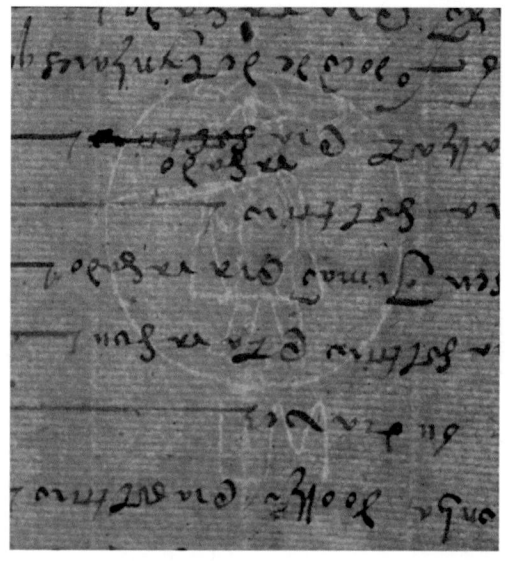

fl.22

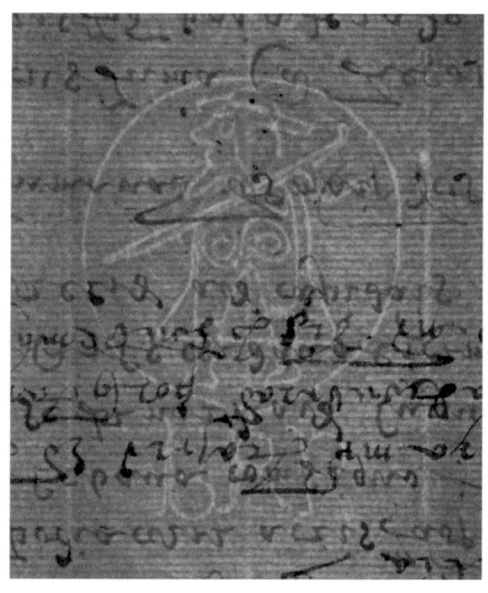

fl.35

17. Fotografías de las filigranas sexta y séptima del códice. La sexta tiene las letras "I M" (COLCeuta, Lv.-01, fl. 22) y la séptima las letras "B R P" (COLCeuta, Lv.-01, fl. 35).

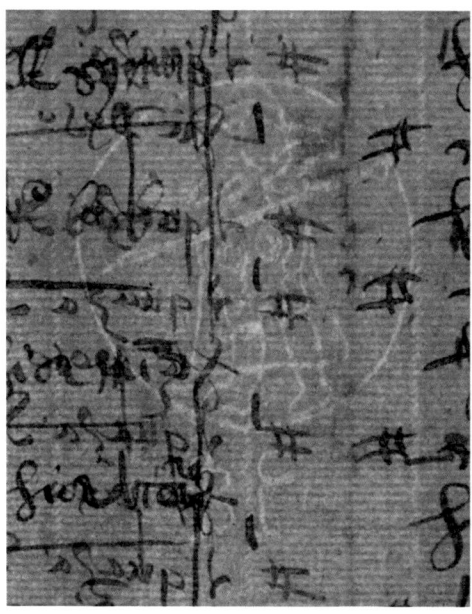 

fl.45

18. Fotografía de la filigrana octava del códice, que incluye dos letras que se parecen a "B P" (COLCeuta, Lv.-01, fl. 45).

La novena marca es una mano con su palma visible, cuatro dedos extendidos y el pulgar apuntando a la derecha, representada hasta la muñeca, que parece llevar un brazalete. Una flor de cinco hojas o estrella de cinco puntas se dibuja en la continuidad de sus dedos. En la palma de la mano aparecen inscritas dos letras, G y E. Su altura total de 6,7 cm en el folio 24 y 6,4 cm en los folios 26 y 28, estando en estos dos últimos al revés (fig. 19). La décima marca es una mano, con sus cinco dedos derechos (no quedando claro dónde está el pulgar), y su muñeca estrecha enmarcada por un brazalete que se alarga en la base. Está encimada por una estrella de cinco puntas y la palma de la mano tiene dos letras "R t"; con una altura total de 6,6 cm, surge al revés solamente en el folio 37 (fig. 19). La undécima marca es una mano con cinco dedos extendidos, con muñeca estrecha y enmarcada por un brazalete que se alarga en la base, y está encimada por una posible corona; con una altura total de 5 cm está presente solamente en el folio 46 (fig. 20). Estas marcas corresponden también a la clase de "Figura humana; hombre; partes del cuerpo humano" (A), pero a la subclase de "Miembros del cuerpo humano" (A7) y el subgrupo "Mano (general)" (A7/2/1) (IPH Norm 2.1.1, 2013: 21, 28; Santos, 2015: 69). Las manos con el anagrama "G E" tienen paralelo en la marca n.º 11282, que se encuentra en un documento de 1566, atribuido a la región noroeste de Francia (Briquet, 1923, III: 562-564, 571), mientras que la mano con las letras "Rt" es semejante a la marca n.º 10886, presente en varios documentos de las décadas de 1560, 1570 y 1580, y que se atribuye a la región sudoeste de Francia (Briquet, 1923, III: 544-550, 557).

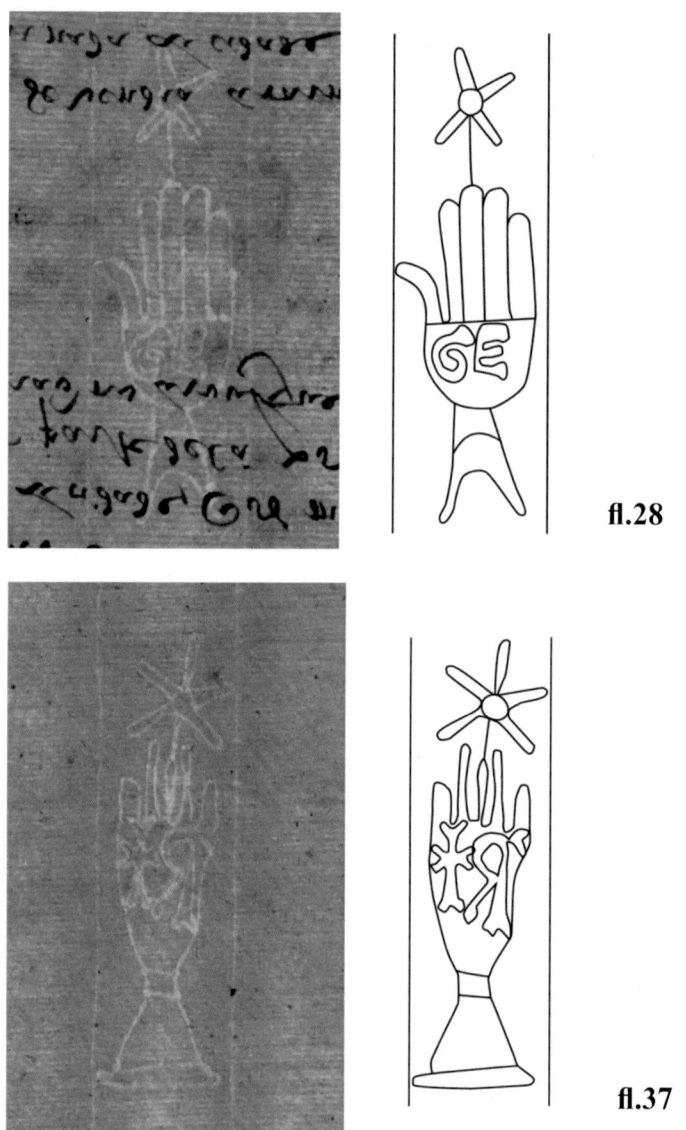

fl.28

fl.37

19. Fotografías de dos marcas en forma de mano del códice, correspondiendo a las filigranas novena (COLCeuta, Lv. 01, fl. 28) y décima (COLCeuta, Lv. 01, fl. 37).

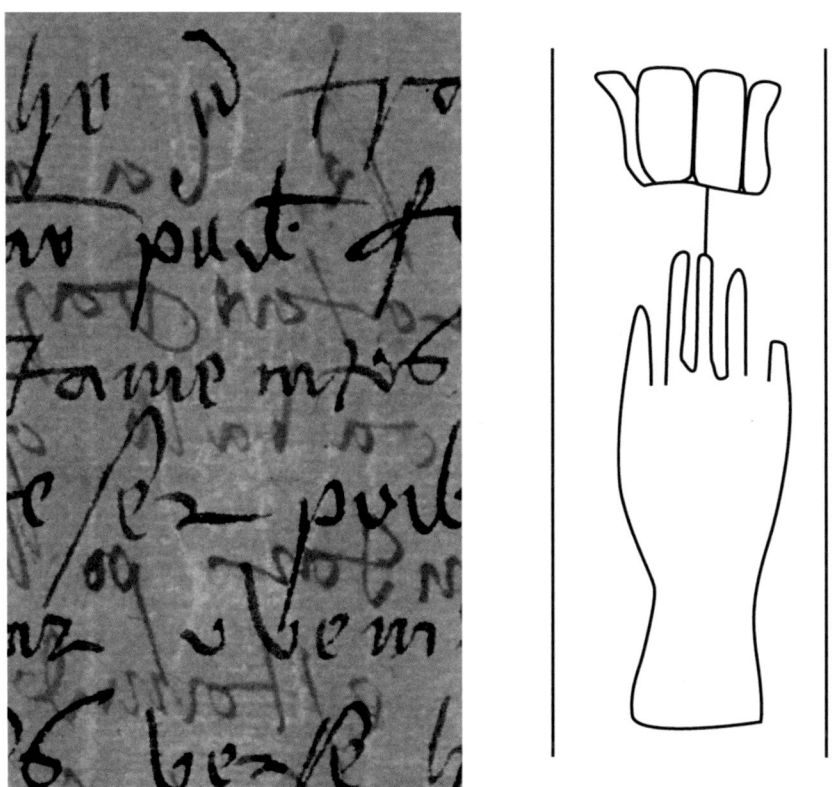

fl.46

20. Fotografía de marca en forma de mano del códice, correspondiendo a la filigrana undécima (COLCeuta, Lv. 01, fl. 46).

La duodécima marca es una gota que tiene dentro una cruz latina y las letras "G R" a cada lado; surge al revés en el folio 32. Este tipo de marca se ha atribuido a las oficinas de Génova (Briquet, 1923: 332), y comparte varios elementos con el n.º 5678, detectado en un documento de 1576, a pesar de que sus letras son distintas (Briquet, vol. II, p. 334 y n.º 5678) (fig. 21). Esta marca pertenece a la clase de "Símbolos y signos religiosos" (S), subclase "cruz" (S1); se destaca por su cruz latina (S1/5) (IPH Norm 2.1.1, 2013: 69-70; Santos, 2015: 74).

La decimotercera marca parece ser un barco sencillo, con un casco en cuarto creciente, un mástil al centro y dos líneas diagonales que unen la parte alta del mástil a las extremidades del casco; del extremo del mástil parece salir una línea perpendicular poco clara. Con una altura total de 2,5 cm, está presente al revés en los folios 38 y 39. Este signo tiene semejanzas con la marca MJ 431 p, de un manuscrito portugués de 1559 (Santos, 2015: 54) (fig. 21). Se puede encuadrar en la clase de "Transportes, vehículos" (L), subclase de "Barco" (L4) y subgrupo de "Velero" (L4/2) (IPH Norm 2.1.1, 2013: 52-53; Santos, 2015: 73).

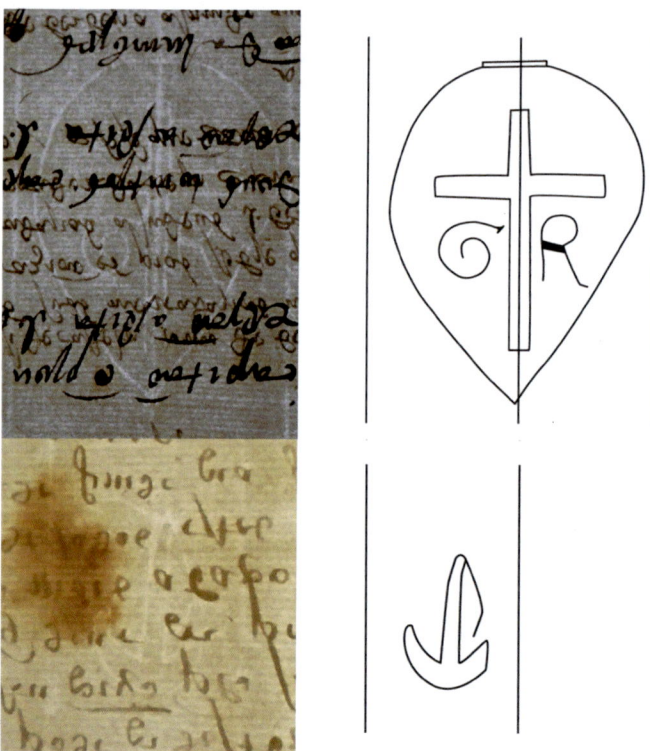

fl.32

21. Fotografías de las filigranas duodécima (COLCeuta, Lv. 01, fl. 32) y decimotercera (COLCeuta, Lv. 01, fl. 39) del códice.

Finalmente, la decimocuarta marca es una flor de lis con una altura total de 1,9 cm; la marca surge en vertical en los folios 42, 50 y 52. Pertenece a la clase de "Plantas (general); flores; hierba" (G), subclase "Flor de Lis" (G6) y subgrupo "Flor de Lis (flor)" (G6/1) (IPH Norm 2.1.1, 2013: 42-43). Esta podrá tratarse de una producción italiana o francesa (Briquet, 1923, II: 398-399) (fig. 22).

fl.50

22. Fotografía de la filigrana decimocuarta (COLCeuta, Lv. 01, fl. 50) del códice.

La identificación de tantas filigranas refuerza la idea que ya habíamos intuido por la presencia de tantas caligrafías distintas: este códice es una compilación de varios documentos originales y copias de otros anteriores. No obstante, todo indica que el periodo en que se reunieron estos documentos no parece ser muy grande como se deduce de la cronología de las marcas, todas ellas datadas a partir de mediados del siglo XVI, mayoritariamente en torno a las décadas de 1560 y 1570.

Así, a pesar la imposibilidad de descifrar con seguridad el modo en que estos documentos fueron reunidos en formato *in-folio*, el análisis formal de sus medidas, características del papel, filigranas, y también de sus caligrafías permite su clasificación en grupos distintos (se recopila toda esta información en la tabla 1). Hay que mencionar que algunos documentos fueran cortados para que pudieran encajar en este códice (ej. fls. 38, 39, 40, 41, 42, 50, 53), lo que provoca, a veces, que no coincidan las dimensiones de documentos con las mismas filigranas y que seguramente utilizaron el mismo molde de papel.

El mayor grupo documental está conformado por el grupo de los documentos n.º 2 hasta n.º 10 (folios 5 a 22v), un bloque con medidas (31,6 cm x 21,6-21,8 cm) y filigranas similares (peregrino [4], [5] y [6]), siendo el único en el que se distinguen las letras B, C y H. Si se analizan los temas que se abordan en ellos, notamos también cierta homogeneidad, con especial atención a listados sobre la administración militar y financiera, y sobre el abastecimiento de la ciudad. También la cronología parece fijada en torno al gobierno del capitán D. Pedro da Cunha, como se percibe muy bien en el folio 22v (documento n.º 10), en el que la lista de capitanes escritos con la caligrafía C termina precisamente en D. Pedro, aunque sea después continuada con otras letras (cómo la A) hasta más tarde.

El siguiente conjunto numéricamente más relevante es el que congrega los documentos n.º 11 a 16 (folios 23 a 28), con medidas similares (30-30,2 cm x 20,8-21,7 cm) y la misma filigrana (mano 9). Creemos que este bloque se relaciona con el grupo de los documentos n.º 17 y 18, a pesar de la utilización de un papel distinto (31,4 cm x 21,2 cm) y naturalmente con otra filigrana (esfera armilar 2). Lo que une a los dos es la caligrafía y los temas que tratan. Las caligrafías presentes son las A, D y E, siendo significativo que esta última solo aparece en este grupo del códice (en cinco de los ocho documentos). La mitad de los documentos son copias de textos sobre la administración de la ciudad de Ceuta, desde mediados del siglo XV hasta la primera década del XVI, y la otra mitad reúne listados administrativos de Ceuta desde la primera década hasta mediados del siglo XVI.

Los otros conjuntos agrupan un número de documentos más pequeño: bien uno [D1 (caligrafía G), D19 (caligrafía A), D23 (caligrafías A y L), D24 (caligrafía M), D25 (caligrafía A), D26 (caligrafías A y N), D27 (caligrafía A), D28 (caligrafía A)]; dos [D20 y D22 (caligrafías D y I)]; o incluso tres documentos [D29-D31 (caligrafías A y F)], cada uno con sus filigranas distintas. En este sentido, se debe subrayar que:

-   la caligrafía F solo se asocia a la filigrana Flor de Lis [14], marca a la que también se asocia la letra A;

-   la caligrafía H se relaciona con las filigranas Peregrino [4] [5] y [6], pero hay muchas otras letras que también aparecen con este tipo de papel, como son el caso de la A, B, C y D;

-   la caligrafía G solo se vincula a la filigrana Esfera armilar [1] y vice-versa;

- la caligrafía I solo se asocia a la filigrana Peregrino [7], a pesar de que la letra D también se presente con este tipo de marca;

- las caligrafías J y K se utilizan en exclusivo en el mismo documento, que tiene su papel cortado y no presenta ninguna filigrana;

- la caligrafía L solo se vincula a la filigrana Mano [10], aunque también la letra A se asocia con este tipo de marca;

- la caligrafía M solo se asocia a la filigrana Velero [13] y viceversa;

- y la caligrafía N solo se relaciona con la filigrana Peregrino [8], a pesar de que la letra A también se presente con este tipo de marca.

En general, los asuntos de cada uno de estos grupos formados por uno o dos documentos son bastante diversos, incluyendo recomendaciones al rey de Portugal, listados de bienes consumidos en Ceuta, un juicio y sentencia de una disputa que tuvo lugar en esta misma ciudad, un dibujo con datos geográficos, copias de asuntos de su administración política y financiera, una descripción de su entorno geográfico, apuntes geográficos y militares de la costa norteafricana, un listado de puntos de abastecimiento y almacenamiento de agua en esta ciudad, o pareceres dirigidos al rey de Portugal sobre sus viajes al Norte de África.

Por último, en el conjunto de los tres documentos n.º 29, 30 y 31, se concentra en detalles de la geografía de la costa norteafricana, a veces con indicaciones estratégico-militares.

Otra conclusión que nos parece relevante es la transversalidad de la caligrafía A al largo de todo el códice, a veces con una presencia circunscrita a pequeñas notas al pie de página. En catorce filigranas distintas, la letra A se asocia a nueve de ellas (Esfera [3]; Peregrino [4], [6], [8]; Mano [9], [10], [11]; Cruz latina [12]; y Flor de Lis [14]), estando presente en más de la mitad (19) de los 31 documentos. Esta letra se asocia también de forma particular a la figura de D. Pedro da Cunha, ya que en el documento n.º 19 se relata lo que se gastaba en Ceuta después de la llegada de D. Pedro a esta ciudad[7]. Este texto empieza con "*item* eu quãodo cheguei a esta tera de seita [ítem yo cuando llegué a esta tierra de Ceuta]" (fl. 32), dando la idea que sería el propio D. Pedro el que escribe o, más probablemente, dicta el documento; así se entiende la referencia a D. Pedro en tercera persona en el título del mismo documento. No deja de ser relevante que una carta oficial enviada al rey de Portugal

---

7 Deducimos que D. Pedro sea D. Pedro da Cunha, puesto que en el año de 1564 estaba asociado a esta misma letra, como vimos antes en el documento n.º 3.

en 1567 por D. Pedro da Cunha sea redactada con esta misma caligrafía[8]. Por todo esto, nos parece que estamos ante alguien que pudo haber sido el escribano de este capitán y que siguió desempeñando dicho cargo a lo largo de los años siguientes, como se concluye por la presencia de esta misma letra en documentos un poco más tardíos, ya de la década de 1570 (como el n.º 27 y 28).

La naturaleza transversal de la caligrafía A y las menciones puntuales, pero aun así destacadas, a la figura de D. Pedro da Cunha, lleva a plantear la posibilidad de que este códice fuera inicialmente reunido por orden del capitán de Ceuta, a fin de agrupar información relevante sobre algunos de los asuntos fundamentales para la administración de la ciudad. Así, es posible que la compilación de una primera parte de estos documentos, particularmente hasta el documento n.º 22 (fl. 34), haya tenido lugar entre los años de 1564 y 1567.

A partir del documento n.º 23 parece existir una ruptura cronológica en las fechas de producción de los documentos, con asuntos relacionados más con la década de 1570, como evidencian los documentos n.º 25 y n.º 28 a n.º 31.

En el primer conjunto aparecen las caligrafías A, B, C, D, E, G, I, J, K, correspondiendo a las marcas Esfera armilar [1], [2] Peregrino [4], [5], [6], [7], Mano [9] y Cruz latina [12]; por el contrario, el segundo presenta las caligrafías A, F, L, M y N, equivaliendo a las marcas Esfera [3], Peregrino [8], Mano [10], [11], Velero [13] y Flor de Lis [14].

Tabla 1. Sistematización de las medidas, filigranas y caligrafías utilizadas en cada uno de los documentos y/o respectivos folios.

Nº de Documento (Folios)	Medidas (cm)		Filigranas	Caligrafía
	Altura	Anchura		
D1 (1-4)	30,9	21,4	Esfera armilar [1] (fls. 1, 4)	Letra G
D2 (5-10v); D3 (11-14v); D4 (15-16v); D5 (17-17v); D6 (18); D7 (18v); D8 (19-20); D9 (21-21v); D10 (22v)	31,6	21,6-21,8	Peregrino [4] (fls. 5, 7, 9, 12, 14, 16, 18) Peregrino [5] (fl. 19) Peregrino [6] (fl. 22)	D2 (Letra B) D3 (Letras A, C) D4 (Letras A, B, C) D5 (Letra C) D6 (Letra A) D7 (Letras A, B, C, D) D8 (Letra C) D9 (Letra H) D10 (Letra A, C)

---

8   Véase la carta de D. Pedro da Cunha al rey, de 16 de abril de 1567, en la que acepta la deposición de su cargo de capitán en Ceuta. ANTT, Corpo Cronológico, Parte I, mç. 108, n.º 46.

Nº de Documento (Folios)	Medidas (cm)		Filigranas	Caligrafía
	Altura	Anchura		
D11 (23-24); D12 (24); D13 (24v)	30	21,7	Mano [9] (fl. 24)	D11 (Letra E) D12 (Letra A) D13 (Letra A)
D14 (25v); D15 (26-27v)	30,1	21,2	Mano [9] (fl. 26)	D14 (Letra D) D15 (Letras A, E)
D16 (28)	30,2	20,8	Mano [9] (fl. 28)	Letras A, E
D17 (29-29v); D18 (30v-31)	31,4	21,2	Esfera armilar [2] (fl. 29)	D17 (Letra E) D18 (Letra E)
D19 (32-32v)	31,5	21,8	Cruz latina [12] (fl. 32)	D19 (Letra A)
D20 (33); D22 (35-35v)	31	21,5	Peregrino [7] (fl. 35)	D20 (Letra I) D22 (Letra D)
D21 (34)	29,4	19,2		Letra A, J, K
D23 (36-37)	29	20,5	Mano [10] (fl. 37)	Letras A, L
D24 (38-40)	28,9	19,6-20,3	Velero [13] (fls. 38, 39)	Letra M
D25 (41-42v)	31,5	24,4	Flor de Lis [14] (fl. 42)	Letra A
D26 (43-45v)	30,5	21,8	Peregrino [8] (fl. 45)	Letras A, N
D27 (46-47)	28,2	20	Mano [11] (fl. 46)	Letra A
D28 (48-49v)	29,8	21,1	Esfera [3] (fl. 49)	Letra A
D29 (50-51v); D30 (52-52v); D31 (53)	31,3	22,3	Flor de Lis [14] (fls. 50, 52)	D29 (Letras A, F) D30 (Letras A, F) D31 (Letra A)

NOTAS METODOLÓGICAS DE LA TRANSCRIPCIÓN PALEOGRÁFICA

La trascripción paleográfica que se presenta sigue, de un modo general, las normas de transcripción preconizadas por Eduardo Borges Nunes (1969). No siendo este apenas un trabajo investigación sino de divulgación, se optó por transcribir el documento de la forma más fiel posible, aunque para ello se sacrifique una lectura más fluida. En este sentido, se alerta a continuación sobre algunas normas paleográficas importantes que hay que tener en cuenta en la lectura de la documentación.

Las abreviaturas existentes en la fuente se desarrollaron en cursiva para lograr una lectura más intuitiva, pero sin perder la identidad y originalidad del documento y su(s) autor(es). De este modo, es siempre posible restituir la forma primitiva del texto, una de nuestras mayores preocupaciones para futuros investigadores. Esta regla no incluye palabras que tengan, al principio o en medio, la letra /ũ/, ya que en este caso podrá no tratarse de una abreviatura, sino de una letra con acentuación distinta utilizada en la época y que traducía una nasalización concreta[9]. Por lo tanto, se respetaron los sistemas de acentuación y puntuación, manteniendo las particularidades sonoras del portugués de ese período, cuando es diferente de la fonética actual como se ve en /hũa/, /hũas/, /nenhũa/, /nenhũas/, diferente de "uma" [una], "umas" [unas], "nenhuma" [ninguna], "nenhumas" [ningunas]. También conviene señalar los casos particulares de Je*su* (Jhu) y *Christ*o (Xpo), palabras que mantienen su herencia gráfica latina y que se desarrollan en cursiva como lo habrían sido en su momento. Por último, la contracción /rs/ o /res/ fue desarrollada en /reis/, ya que se encuentra por veces aquella versión escrita así por extenso, como en el folio 20.

A lo largo del texto, se procedió a separar o unir palabras y partes de palabras según el uso moderno, pero no se introdujo ninguna puntuación, como guiones /-/ o apóstrofos /'/. Se respetaron los signos de puntuación utilizados, así como la

---

9   De hecho, incluso en los textos impresos de este período histórico, no hay un desarrollo de la nasalización por su sustitución por las letras "m" o "n", como ocurre en la actualidad.

disposición de los documentos y sus párrafos, aunque no siempre fueron empleados con el propósito con que los utilizamos actualmente. Por esta razón, optamos por no indicar el cambio de líneas o numerarlas, para no añadir ruido y generar confusión con la puntuación mantenida. Debemos subrayar que, efectivamente, la utilización de comas /,/, punto y comas /;/, puntos /./ o barras /// varía bastante entre los agentes que escriben los documentos. A pesar de eso, nuestro propósito es permitir que futuros investigadores puedan reflexionar sobre este y otros aspectos que tienen relación con la evolución de la forma escrita en portugués en el periodo tardomedieval y moderno.

Otro aspecto que es relevante para la investigación y que se relaciona con la metodología de transcripción aquí adoptada es la introducción en la nota al pie de las palabras que fueran rasuradas en el texto y corregidas. El objetivo es permitir verificar cuáles son las alteraciones pertinentes que se hicieron y evaluar la sutileza del lenguaje.

No se ha actualizado el uso de la letra mayúscula en los sustantivos antroponímicos, toponímicos y gentilicios. Por lo tanto, se mantuvieron todas las mayúsculas utilizadas en el texto original, al inicio o medio de las palabras.

En el texto, todos los añadidos del editor aparecen entre corchetes / [ ] / y todas las anotaciones relevantes se colocan en una nota a pie de página. De este modo se conserva el texto original, al mismo tiempo que se facilita la lectura del documento. Marcamos con [?] las dudas de lectura y con [*sic*] cada vez que una palabra carece de sentido o tiene una ortografía incorrecta o inusual. Las notas a pie de página comienzan en su mayoría con / Ms.: / indicando que la información agregada es tal como aparece en el *manuscrito*. En otros casos, el comentario se inicia con las siglas /N.E.:/, es decir, en este caso nota de la editora. La utilización de esta sigla se aplica cuando hay una palabra mal escrita, intencionadamente o no, y se añade la palabra corregida o su equivalente actual.

ÍNDICE DOCUMENTAL

41

TRANSCRIPCIÓN PALEOGRÁFICA

1. *Carta dirigida a D. Sebastião con recomendaciones sobre el regimiento que el rey preparaba en relación con la atribución de las encomiendas, sobre todo con detalles relativos a los que sirven en el Norte de África. Menciona además que había consultado la opinión de D. Pedro da Cunha y otras personas expertas en la guerra de África y de las galeras.* **Lisboa, 1572.03.24 – Res., COL-Ceuta/Lv.01, fls. 1-4v**

[fl. 1]

+

Se*n*hor

esteue v*o*ssa A*l*teza aqui tam pouquos dias que não tiue tempo de lhe dizer meu pareçer sobre o Regimemto das come*n*das, pola vemtura ffoi asi milhor, porque as palauras leuaas o vemto, scripta manent, e he esta materia de tanta sustamçia q*ue* deue v*o*ssa A*l*teza querer ouuir nela toda pesoa, começo pelo que me pareçeo bem *e* que neste Regimemto he o mais primcipall ha bulla da Reuocação das bulas priuilegios e estatutos das ordeñs

deixar v*o*ssa A*l*teza a porta aberta pera neste Regimemto tirar e acrecemtar comfforme a variedade dos tempos e esperiemcia das cousas, ho mesmo faz o esprito samto no guouerno da Jgreja Catoliqua, que tira poem acresemta e diminue segumdo ha variedade dos tempos e nesecidade dos neguoçios; levar ass cousas avamte semdo Eradas he Jr comtra ho Esprito sãoto comstamcia no Ero he comtumaçia, por q*ue* a constamçia sempre he circa bonum, e asi ffoi muy bem asertado e*m* neguoçio tamanho e tão nouo deixar a porta aberta p*e*ra a emmemda delle //

ajumtar v*o*ssa A*l*teza os mestrados e aplica llos a gera co*n*tra os mouros he cousa devina e Justa como consta das Rezois do proemio deste Regimemto muy bem apomtadas //

[fl. 1v] Não ter ninge*m* duas come*n*das he co*n*fforme as primeiras bulas simgula simgulis: e a meu pareser muj bem ffeito porque pasãose de quinhemtaz come*n*das

45

que haa nas ordeñs não temdo nimgem mais que hũa avera sempre muitoz homenns que actuallmemte siruão na gera //

tambem me pareçeo muj asertado não Se seruirem comendas se não em tãogere tiramdo os capitais dos outros Luguares e officiais nescesarios: por que estes tambem deuem ser prouidos de comendas mas oz ffromteiros todos devem estar em tamgere, por que affora de ser o luguar de mais gera e do campo mais Larguo e seguo se fforem espalhados por outras partes custarão pouquo mas todos Jumtoz em tamgere pelo tempo em diamte vira tãojere ha ser hũa ffromtarja notavell e que dee mujto trabalho ao xariffe //

asi me pareçe muito bem poderem se passar de hũa comenda ha outra de qualquer ordem que seja e escolherem o abito que quiserem

e asi aver ffreires da ordem em tamgere

ho siminario pareçe cousa santa por que não pode ser moor misericordia que dar Remedio a criação de ffidallguos pobres e mãoçebos que a nesecidade a jdade e primcipallmemte a ociozidade oz estragua e ffaz perder, e diria que os ffreires estiuesem neste siminario e ffossem tais pesoas que pudesem ter cuidado delle, Lembro o moesteiro de São ffrancisco

tambem me pareçe neste capitolo do siminarjo que deve vossa Alteza mãodar declarar que os que estiuerem neste siminario peleijamdo e seruimdo na gera sejão admetidos e prouidos de comendas, por que Se no siminario [fl. 2] não ham de ter mais que comer de graça qual a de ser o ffidallguo que So pelo comer queira estar em tamger

a segumda parte que tenho que lembrar a vossa Alteza e a que mais Jmporta he o que me não pareçe bem neste Regimemto, por que o bem por si soo basta, e ao mall comuem dar Remedio /

primeiramente me pareçeo este Regimento muj escuro e conffuso, por que as leis am de ser claras, primcipallmemte esta sobre a qual oz homẽs am de avemturar muitas vezes a vida e guastar haa Fazemda, e este Regimemto da ora a precidemcia ao numero dos cavallos, ora a amtigidade do seruiço, ora aos ffeitos notaueis leua tamtos pees quebrados e vai tam imtricado que avera na prouição das comendas mujtas demandas, queria hũa Lej como a de deos clara e distimta, não mataras, não ffurtaras em que não pudese aver grosa [sic][10] nem emtemdimemto de Letrados que não viuem se não de duuidas /

---

10   Ms.: se debe leer "glosa".

tanbem lembro a vossa Alteza a que ja outras vezes lhe Lembrej que os Reis nosos amtesesores com mujto trabalho e muita despeza meterão os mestrados na coroa - vossa Alteza aguora casi que os tira della - tirar vossa Alteza os abusoz das ordeñs Refformar os mestrados aplicar as comendas a geRa dos mouros iso me parese bem, mas tirar a Jurdicão e da lla aos vizitadores e aos juizes e fficar vossa Alteza sem Jurdicão isto nao me parece seruiço de vossa Alteza.

estas comendas não as pode vemçer se não ffidalguos cavaleiros e escudeiroz esta Jemte do meo não me pareçe pociuel poderem seruir, por que am de seruir comenda de cem mill reis pera baixo por espaço de seis anos com cavallos e homens / não haa homem desta callidade [fl. 2v] que tenha ffazenda pera aturar tamta guera, tamto guasto tamto tempo, e não am de querer hos homeñs vemder a sua quinta, e o seu casall que pode fficar a sua molher e a seus filhos pera vemçer hũa comemda pequena de que não uemcem os ffruitos se morem antes do são João e de que não podem ser prouidos se ouuer allgum ffidallguo que a queira /

asi que esta Jemte do meo que he a mais e que mais Serue na gera não vejo por este Regimemto como posa seruir /

Os fidalguos que am de vemcer as comendas de duzemtoz mill reis pera baixo quasi estão neste amdar, por que ajmda que tem hum ano menos, simquo anos de gera de tãojer com tamto periguo e guasto he muito trabalho pera tam pequeno guallardão /

os que am de[11] uemçer comendas gramdes am de Seruir seis anos e com muito guasto, quem puder Ei medo que não queira, e quem quisser Ei medo que não posa, são as vidas breues pera tam Lomguas esperanças /

Nem me comuemçe dizerem que oz homens vão a jmdia e estão vimte anos sem os prouerem, por que pera a jmdia guasta hum homem duzemtoz cruzados com hum ffilho e não tem mais conta com elle e pera tamgere (da maneira que ho Regimento diz) custando os cavallos e as cousas da maneira que custão ha mister dous mill cruzados cadano: e estes haa mui pouquos homeñs que hos tenhão de Remda, a ell Rej voso avoo pedirão que não ffose o tempo da Seruemtia das comemdas mais que hum ano, e quamdo ordenou que ffosem dous pareçeo o tempo mujto e sempre se custumou como hum homem seruia dezouto vimte meses avião no por benemerito que parecera aguora com tanto ano e tanto guasto /

[fl.3] tambem das gualles me pareçe que o Regimento não ffaz Justiça, Eu ffalei nesta materia com dom pedro da cunha e com outras pesoas muito curcadas [sic][12]

---

11   Ms.: rasura sobre "seruir".

12   Ms.: se debe leer "cursadas".

na gera daffrica e nas gualles todas me affirmarão que era de mais mericimemto dous meses de gualles que hum ano daffriqua, tem as gualles guastar se menos, mas he muito moor periguo, por que tem o periguo do mar, a jmcerteza das gualles que vos buscão, se são mais, e quamdo vem a peleijar, a geRa das gualles he mais crua que todas / a vida da gualle he muito trabalhosa e muito suja, dormem no chão / e comem muito mall / a vida daffriqua tirando hum dia de peleja que he poucas vezes no ano he muito boa vida /

tem as guales por si outra Rezão de comcyemcia que deffemdem e em affrica offemdem e he gera volumtaria, e as gualles deffemdem a propia coroa, e que não tomem os turcos os mininos e as molheres do alguarue demtro em suas casas e acolhidos as jgreias e por este Regimemto haa mister que amde hum homem mais de vimte annoz nas gualles pera vemçer hũa comemda, emtrara moco e saira velho, pelo quall as gualles me pareçe que se devião tornar ao custume amtiguo que he dous verois avidos por hum ano daffrica /

ajudando a esta deradeira Rezão das gualles quamto mais obriguatorio hee deffemder a coroa que jr offender os jmiguos que estão em affrica, no tempo dell Rej noso Senhor que deus tem e no guouerno da Rainha nosa Senhora / e do Senhor cardeall e nos primeiros anos do guouerno de vossa Alteza se avia por benemerito oz capitais mores que Seruião no allguarue e pergumtamdo Eu este caso pera Saber como avia de votar nelle a martim gonçalvez da camara, a paullo affomço, a goncalo diaz de carvalho todos tres me dixerão que erão benemeritos ffumdados na Rezão que asima diguo, de Ser mais obriguatorjo deffemder a propia patria que comquistar a alhea / tambem este Regimento não ffalla em sercos daffrica semdo a mais notavel cousa que haa na gera e que ha mister [fl. 3v] Mais Ffauoreçida, porque muita defferemça vaj de deffemder hum Luguar cheo de templos de molheres E de mininos a jr peleijar no cãopo volumtariamente

a mais fforte cousa que achei neste Regimento he não poder vossa Alteza dar o abito se não aos affricanos desta agrauo pera vossa Alteza por parte da coroa que tamto me tem custado e quamdo vossa Alteza me não prouer apelo se vossa Alteza pera Seus sucesores, como ha vossa Alteza de atar as mãos a si mesmo pera não ffazer omra a Seus vacalos [sic][13], os mestrados que estão unidos a coroa como lhe a vossa Alteza tirar hũa tam primçipall parte //

bem basta aplicar vossa Alteza as comemdas a affrica mas o mar oceano que he demais obriguação / a deffemça delle que ha gera daffrica e domde vossa Alteza tem ho primcipall de Sua ffazemda por que ho a de desemparar : as armadas da

---

13   Ms.: se debe leer "vassalos".

costa, as armadas das jlhas da costa de gine[14] e do brazill com que has haa *vossa Alteza* de paguar os bons ministros de justiça, os officiais ffreis da ffazenda de *vossa Alteza* que guallardão am de ter, e outras pesoas que seruem em cousas arduas e de moor periguo que affrica, o bom portuges o primcipall que pretemde hee omra, desesperados desta ou Seruirão / mall ou não Seruirão / e *vossa Alteza* se o que pagua com omra a de paguar soo com ffazemda haa mister nouos tizouros e nouas Remdas, pelo qual diria que *vossa Alteza* dee os abitos a quem os merecer, e nenhum a quem os não mereçer e desta maneira dara poucos abitos e tera quem ho sirua //

tambem me pareçe muito contra a ffazenda de *vossa Alteza* não Se Resguatarem as temças que São dadas ate Serem prouidos nas ordeñs e as que *vossa Alteza* ao diante deer, jsto ffoi pedido nas cortes paradas por todos os tres estados, e quamdo Eu estaua no despacho apos [fl. 4][15] guardar Justiça as partes . o meu segumdo jmtemto Era tirar temcas, porque emtemdo quãota nesçeçidade *vossa Alteza* tem, e tem seus vaçalos de não estar sua ffazemda com estremas nescecidades, as quais obriguão ao [sic][16] Reis muitas vezes não paguarem o que devem, e tomarem o alheo

Ao menos a quymta comenda que *vossa Alteza* toma pera prouer numqua ha avia de daar se não a desquite das temças que tem dadas //

parece me que esta clara a difficulldade que tem o Regimento no vemçer das comendas e creio que a espiriemçia o ffaça ajmda mais claro mas por que não basta apomtar as difficuldades se não o Remedio dellas, diria que como vaguase a comenda e se soubese ho certo Remdimento della *vossa Alteza* mãodase que quem a pretemdese desse sua pitição e sertidois a manoel coresma demtro cm quimze dias e vistas as pitiçois *vossa Alteza* dese a comenda a quem milhor a merecese com tall condição / que ha seruise scis anos em tamguere com tamtos cavallos temdo comta que não ffose a despeza mor que ha Reseita //

diria que este asi prouido se lhe Leuase em conta dos seis anos todo tempo que Seruio em affrica, ou nas gualles /

diria que oz que autuallmemte estiuesem seruimdo Em tamguere ceteris paribus precedesem aos outros /

diria que os susecores dos que matarão os mouros em affrica, ou estiuerão muito tempo catiuos cateris paribus precedesem aos outros //

---

14   Ms.: se debe leer "Guiné".
15   Ms.: repetición de la palabra "apos".
16   Ms.: se debe leer "aos".

[fl. 4v] Diria que os ffilhos dos comendadores cujas comendas vaguasem caeteris paribus precedesem aos outros pera que Seus pais não desesperasem de seus ffilhos os erdarem cousa tam naturall e Sera mutiuo pera os pais mandarem seus ffilhos a tamgere de milhor vomtade

parece me que não avera ffidallguo mamcebo que não ffolgue de estar em tamgere hum ano e dous pera estar diamte dos outros na prouicão das comendas e terem ja curcado [sic][17] parte dos seis annoz /

parece me que começamdo as comendas a vaguar e semdo prouidos por esta ordem que avera tamtoz ffromteiros em tamguere que não caibão nelle e seruirão oz homẽns com esperança allegria, comtemtamemto e pocibillidade, o que tudo aguora não hee se não desesperação / descontemtamento murmuracão e necesidade /

diria que o prouido se não ffose a tamguere no tempo limitado ou não comprise allgũas das obriguacois com que lhe derão a comenda que perdese o Remdimento della daquele ano pera os catiuos ou pera ho seminario //

dẽos noso senhor dee a vossa Alteza o seu sprito pera que asi aserte as cousas do guouerno que não ERe as de Sua Salluação / quid prodest homini, si uniuercum mumdum Lucretur / animae vero Suae detrimemtum patiatur[18], este dito do euamgelho trazia o emperador voso avo no primcipio do Seu liuro de Rezar de Lisboa 24 de março 1572 //

---

17   Ms.: se debe leer "cursado".

18   N.E.: citación bíblica "Pues ¿de qué le sirve a un hombre ganar el mundo entero y perder su alma?" (Sagrada Biblia. Versión oficial de la CEE, 2014: Mc 8, 36).

2. *Listado de sueldos y mantenimientos mensuales y anuales en la ciudad de Ceu-* *ta, siendo capitán D. Pedro da Cunha. Menciona los pagos al capitán; a diez personas que lo sirven a caballo; al adalid; a diez atalayas; a dos trompetas; a 23 criados que sirven a caballo; a 418 personas a pie; a diez canónigos; a once frailes franciscanos y dominicos; al atalaya de la campana; a cuatro hacheros; a un almocadén; a 21 escuchas; a un criado del rey; a cinco apuntadores de las obras; a cinco oficiales que sirven en la bandera; a 60 bombarderos; a 269 personas (hombres de la mar, casados, solteros y moradores); a 58 mujeres que viven en el castillo o en la cerca; a doce mujeres de escuchas; a otras mujeres que tienen mercedes de trigo por el fallecimiento de sus maridos.* **S.l. [Ceuta], s.d. [1550-1553 o 1564-1567] – Res., COL-Ceuta/Lv.01, fl. 5-10v**

[fl. 5] […][19]

e mai […][20]

he ho seguynt[e …][21]

muita de caualo e vai o gasto meudamente

Don pedro da cunha, capitão em hum caualo acobertado do qual vençe trynta he quatro alqueires de trigo cada mes e quatro de sua pesoa, he quynze de cavalo e quynze das cobertas

Monta ho gasto que fara em hum ano – iiij^c biij al[queires][22]

==

Vençe soldo de sua pesoa he cavalo a Rezão de trezentos he synquoenta reis por mes segundo hordenança //

Monta ho gasto que fara em hum ano – $\overline{iiij}$ ij^c reis

==

jtem ho seu caualo adestro/ vençe por mes a quinze alqueires de trigo/

Monta ho gasto que fara em hum anno / – cento lxxx A[lqueires]

este cavalo tem de soldo por mes dozentos he onze reis / segundo ordenamça

monta ho gasto em hum ano / – <u>ij</u> [iiij reis]

---

19   Ms.: folio rasgado.
20   Ms.: folio rasgado.
21   Ms.: folio rasgado.
22   Ms.: folio rasgado.

[fl. 5v] [...][23] monta ho gasto de hum ano – j̄ ijᶜ reis

vense do dito Resguardo e soldo a Rezão de noue mil e quynhentos trynta e noue reis por mes

monta ho gasto de hum ano / – c̄ento x̄iiij iiijᶜ lxb[iij reis]

==

jtem As dez pesoas de cavalo questão asentadas de fora da gouernança/ he são do Capitão vense a Rezão de dozannoue alqueires cada hum que em todo e são por mes çento he nouenta alqueires

monta ho gasto de hum ano / – īj ijᶜ lxxx A[lqueires]

vençe em soldo de suas pesoas cavalos a Rezão de trezentos he synquoenta reis que são en todos por mes

monta ho gasto de hum ano – R̄ij reis

==

Adayl e atalayas

ho adayl serue a cavalo acobertado/ de que vense trynta e quatro alqueires / por mes

monta ho gasto de hum ano – iiijᶜ biij Alqueires

[fl. 6] vense [...][24] [a] Rezão de tr[...][25]

Monta ho gasto que fara em hum ano

entrando hos seys mil e seisçentos reis que tem de tença con ho cargo/ – x̄ biijᶜ [reis][26]

==

jtem[27] As doze atalaias de cavalo hordenadas vense a Rezão de trynta e quatro alqueires por mes das pesoas e cavalos dobrados que são en todos quatro-çentos e outo/

monta ho gasto de hum ano/ – īiij biijᶜ lRbj Alqueires

---

23   Ms.: folio rasgado.
24   Ms.: folio rasgado.
25   Ms.: folio rasgado.
26   Ms.: folio rasgado.
27   Ms.: en el margen izquierdo "são agora mais quatro".

vensem soldo a Rezão de mjl reis cada hũa que são em todas por mes doze myl reis /

momta ho gasto de hum ano – cento Riiij reis

==

jtem a duas tronbetas de cavalo que vençem a Rezão de dozanoue alqueires cada hum que são trynta e outo por mes

monta ho gasto de hun ano/ – iiijᶜ lbj alqueires

vençem soldo a Rezão de trezentos he sinquoenta reis cada hum / que são por mes seteçentos

monta ho gasto que farão cada ano entrando hos tres mil reis / que tem cada hum de tença – xiiij iiijᶜ reis

==

[fl. 6v] [...]²⁸ vençem a vym[te ...]²⁹ a hum / dozanoue das pesoas e cavalos e as quatro das bestas con que seruem/ que são por mes sessenta e noue alqueires /

monta ho gasto que farão en hum ano – biijᶜ xxbiij Alqueires

vençem hos dous deles soldo a Rezão de quatroçentos e doze reis he meio trezentos e çinquoenta, das pesoas he cavalos he sesenta e dous e meio das bestas e o outro tem moradya, por ser de vossa Alteza somente tem soldo da besta, que são por todos en hum mes outoçentos e outenta e sete reis he meio

monta ho gasto em hum ano – x bjᶜ L reis

jtem A vynta tres [sic] cryados de vossa Alteza que seruem a caualo / dos quais hos vynta hum [sic] vençem a Rezão de dozanoue alqueires das pesoas e cavalos e os dous são acobertados a trynta e quatro que são en todos en hum mes quatroçentos e sessenta he sete alqueires

monta ho gasto de hum ano – b bjᶜ iiij Alqueires

vençem todos suas moradyas somente de que hão suas certidões as quais orçadas he somadas conforme ho foro de cada hum/

---

28   Ms.: folio rasgado.
29   Ms.: folio rasgado.

monta ho gasto que farão cada hum ano entrando a moradia do besteiro asyma – iijᶜ xxxbij - biijᶜ reis

==

[fl. 7] jtem A trynta e o […]³⁰ quais trynta he sinquo vençem a Rezão / de
dozanoue alqueires cada hum das pesoas e cavalos e os dous acobertados a
trynta e quatro e hum caualo do veador das obras a quynze alqueires / que
tudo yuntamente Ffazem soma, cada mes seteçentos corenta e outo/

monta ho gasto de hum ano – b̄iij biiijᶜ l[xxbj Alqueires]

vençem soldo das pesoas cavalos hos trynta e sete a Rezão de trezentos e
synquoenta reis / e ho cavalo do dito veador das obras a dozentos e onze que
são Juntamente en hun mes treze mil e çento he sesenta e hum/

monta ho gasto de hum ano – cento L̄bij biiijᶜ xxxij reis

==

jtem A nesta sidade da gouernança quatrocentas e dozoito pesoas de pee per Regymento que vençem mantimento soldo moradias pela ordem e titolos como
se vera ao dyante

==

jtem A dez denidades³¹ e conegos que vençem a Rezão de quatro alqueires de trigo
cada hum / que são en todos por mes corenta alqueires

monta ho gasto de hum anno – iiijᶜ lxxx Alqueires

[fl. 7v] […]³² por prouysão […]³³ a çento e outenta reis que são en todos por
mes myl e outocentos

monta ho gasto de hum ano / – x̄xj bjᶜ reis

==

Aao presente onze frades de são francisco he de são domyngos nos mosteiros
desta çidade nos quais a Rezão de quatro alqueires cada hum em todos monta
por mes quorenta e quatro alqueires /

monta em tenpo de hum anno – bᶜ xxbiij Alqueires

---

30   Ms.: folio rasgado.
31   M.: se debe leer "dignidades".
32   Ms.: folio rasgado.
33   Ms.: folio rasgado.

vençe*m* soldo do mes darmas p*er* prouysões a Rezão dos conegos asyma que são Ju*n*tamente por mes mil nouesentos oute*n*ta re*i*s /

mo*n*ta ho gasto de hu*m* ano e*n*tra*n*do quatrocentos re*i*s cadano a cada mosteiro p*er*a mostarda, – x̄x̄īīīj b^c lx re*i*s

==

Atalaia do syno e quatro facheiros dos fachos que são çy*n*quo / hos quais vençe*m* / deferente mantimento /. P*er*a atalaia do syno e facheiro dalyazira, e ho dalmina / a Rezão douto alq*ue*ires de trigo quatro de suas pessoas e quatro ordenados e ho facheiro do barbaçote dozaseis alqueires / e ho do chão das figeyras a dozanoue alq*ue*ires / que soma, ho gasto de todos por mes sy*n*quoenta e noue alq*ue*ires

mo*n*ta ho gasto de hu*m* ano – bij^c biij A*lqueires*

[fl. 8] Vençe*m* asy mesmo de f[…]³⁴ dos […]³⁵ hos tres decrarados prymeiros a quynhe*n*tos re*i*s / e o de barbasote a seisçe*n*tos / e o do chão das figeyras a quatroçe*n*tos he oute*n*ta e noue / que são en todos por mes dous mil e quyn-hentos e oute*n*ta e noue re*i*s /

mo*n*ta ho gasto de hu*m* ano – x̄x̄x̄j lxbi[ij re*i*s]³⁶

==

j*tem* Aho almocade*m* e vynte e hũa escutas vynte da gouernança, que serue*m* do campo e hũa que vençe d'escuta morta por prouysão de *vossa Alteza*./ e a Rezão de outo alqueires que vençe cada hu*m* – são en todos por mes çe*n*to he setenta he seis/

mo*n*ta ho gasto de hu*m* ano – īīj ce*n*to xij A*lqueires*

Vençe*m* soldo a Rezão de myl re*i*s – ho almocade*m* e as vynte escutas porque a morta, te*m* somente outocentos que são en todos Juntamente por mes vy*n*te e hu*m* mil e outoçe*n*tos re*i*s /

mo*n*ta ho gasto de hu*m* anno – īj^c l̄x̄j bj^c re*i*s

==

---

34   Ms.: folio rasgado.

35   Ms.: folio rasgado.

36   Ms.: folio rasgado.

j*tem* Ao presente que vençe*m* mantymento corenta he hu*m* cryado de v*ossa* A*lteza* a pee/ nos quais a Rezão de [37] quatro alqu*e*ires cada hu*m* / *em* todos Juntos por mes çe*n*to e sesenta e quatro /

monta ho gasto de hu*m* ano – j̄ biiij^c lxbiij [A*lqueires*][38]

[fl. 8v] [...][39] e h[...][40] todas suas moradias / some*n*[te n]as[41] quais somadas e orcadas[42] segu*n*do foro de cada hu*m* soma yuntame*n*te conta*n*do ale*m* deste numero dez pesoas cryados de v*ossa* A*lteza* ./ *scilicet* ./ cynqu*o* apontadores que serue*m* nas obras e cynqu*o* hofyçiães que serue*m* na ba*n*deira dos sol-dados / onde todos dez ão Seu mantime*n*to e somente por qua, sertidões de suas moradias

mo*n*ta ho gasto de hu*m* ano – iiij^c xxbj iij^c R[ij r*e*is]

==

j*tem* A ordenados nesta cidade por provysões/ sesenta bonbardeiras/ hos sy*n*quoenta deles ve*n*se*m* mantimento este aRol na gouernança/ porque hos dez mais se dão a carauela d'armada, honde são pagos se seu, mantimento de maneira que nos cynquoenta, a Rezão de quatro alqu*e*ires cada hu*m* são em hu*m* mes doze*n*tos alqueires.

mo*n*ta ho gasto de hun anno – īj iiij^c A*lqueires*

vençe*m* soldo todos sesenta, s*cilicet*/ core*n*ta e quatro a Rezão de myl r*e*is e os dozaseis a nouesentos co*n*tão Juntamente por mes cynquoenta e houto mil e quatrocentos r*e*is /

mo*n*ta ho gasto de hu*m* ano – bij^c biiij^c r*e*is

==

[fl. 9] j*tem* As dozentas he sesenta e noue pesoas q*ue* faltão p*e*ra compryme*n*to da gouernança / atras são home*n*s do mar he casados solteiros moradores que vençe*m* a quatro alqu*e*ires cada hu*m* / que são Juntamente por mes myl he setenta e seis alqueires.

---

37 Ms.: rasura sobre "vynte".
38 Ms.: folio rasgado.
39 Ms.: folio rasgado.
40 Ms.: folio rasgado.
41 Ms.: folio rasgado.
42 Ms.: se debe leer "orçadas" o sea presupuestado.

monta ho gasto de hum ano – x̄īj biiijᶜ xij [*Alqueires*]⁴³

vençem soldo a Rezão de cento e trinta he noue reis por mes segundo Regymento / que são por mes trynta he sete, mes [*sic*] trezentos e nouenta hum

monta ho gasto de hum ano – īiijᶜ R̄biij bjᶜ lRij reis

==

A synquoenta he outo molheres casadas e vyuuas que, por vyuerem no castelo
he çerqua em casas suas propias vencem a quatro alqueires cada hũa per aluara
e Regymento que são en todas por mes dozentos e trynta he dous alqueires/

monta ho gasto de hum ano – īj bijᶜ lxxxijij [*sic*] Alqueires

==

A doze molheres descutas que ate esta copia podem ser per prouysão as quães
por vyuerem no dito castelo he serqua en casas daluger, tem a dous alqueires
cada hũa, são por mes vynta quatro/

monta ho gasto em hum ano – ijᶜ lxxxbiij reis

[fl. 9v] A houtras molheres que tem merces de trigo per aluaras feytas por
falesimentos he mortes de seus marydos que matarão hos mouros que todas
forão asomadas segundo ho que cada hũa tem he saem a Rol cada mes outenta
he synquo alqueires he meio

monta ho gasto de hum ano – j̄ xxbj Alqueires

==

Alguas pesoas que tem comendas das ordenadas de dez mil reis como cava-
laryas e houtras merçes per cartas de tenças asentadas no almoxarifado desta
çidade nas quais somadas Juntamente, com hos ordenados tenças dos hofyçiães
todos como tenças de bargantins que são qatro a outo mil cada ano //.

montara ho gasto de hum ano – īiijᶜ lxxxiiij ijᶜ reis

==

Asy se despende nesta çidade mais çento houtenta, myl reis em dynheiro/
con ho capitão escryuão piloto mestre marynheiros grumetes da carauela
darmada/ hordenada a esta çidade de que ham suas çertidões

monta ho gasto cadano os ditos çento e outenta mil reis – cento l̄xxx reis

---

43   Ms.: folio rasgado.

==

[fl. 10] De maneira que vem a montar ao todo ho trygo que se gasta cada mes com a gente de cavalo e de pe da gouernança da çydade, como nas mais despesas e merses decraradas nesta folha como por ela parese, quatro myl e dozentos e tres alqueires he meio

Montara, ho gasto de hum ano

cynquoenta mil quatroçento [sic] corenta he dous alqueires

que São moios – biijᶜ R moios / meio xij Alqueires

==

Asy monta, ho soldo que se despende, em hum mes con a dita gente de caualo e de pee,/ çento he sesenta e cynquo myl seteçentos e outo reis he meio /

[44] Montara, ho gasto de hum ano contado aquy mais as moradyas e houtras tenças he merçes que tudo atras vay decrarado tres contos çento e hum myl seisçentos corenta e seis reis / – iij qontos c̄ento j̄ bjᶜ Rbj reis[45]

==

São nesta folha na verdade tres comtos trezemtos dezasete mill seisçemtos coremta sete reis – iij qontos i̅ij̅ᶜ x̅b̅ij̅ bjᶜ Rbij reis[46]

[fl. 10v]

<table>
<tr><td>89</td><td></td><td></td><td>272</td></tr>
<tr><td>89</td><td></td><td></td><td>[x] 139</td></tr>
<tr><td>[+] 89</td><td></td><td></td><td>2448</td></tr>
<tr><td>267</td><td></td><td>0816</td><td></td></tr>
<tr><td></td><td></td><td>272</td><td></td></tr>
<tr><td></td><td></td><td>37808</td><td></td></tr>
<tr><td></td><td>417</td><td></td><td></td></tr>
<tr><td></td><td>[+] 556</td><td></td><td></td></tr>
<tr><td></td><td>973</td><td></td><td></td></tr>
</table>

---

44   Ms.: en el margen izquierdo "esta soma foi aRada a debaixo he a serta". Esta nota tiene una caligrafía distinta del texto principal.

45   N.E.: texto groseramente rasurado.

46   N.E.: texto acrecentado a corregir el soma final, escrito con una caligrafía distinta del texto principal.

$$\begin{array}{r} 695 \\ \underline{417} \\ \underline{1112} \end{array}$$

$$\begin{array}{rl} \underline{1022} & 4C \\ \underline{417} & \\ \underline{605} & \\ \underline{1022} & \end{array}$$

3. *Listado del gasto mensual y anual en las obras en Ceuta, por el capitán, el alférez, el sargento, el apuntador de la compañía, ocho caporales, 200 soldados, el veedor de las obras, el escribano de la matrícula, el maestro de obras, el fiel de la cal, cinco apuntadores, el "meirinho" de la obra, el escribano de las municiones, el físico del hospital, 30 pedreros, tres carpinteros, un herrero, 40 canteros, 220 servidores, 46 acémilas, 300 personas de las obras, entre otras despesas.* **Ceuta, s.d. [c. 1564?] – Res., COLCeuta/ Lv.01, fl. 11-14v**

[fl. 11]

jtem

Folha do que se hespende [*sic*][47] nesta cydade de çepta da fazenda del Rey nnoso senhor /. cada mes e ano /. com hos soldados gente das hobras que ho nela seruem.

soldados

jtem O capitão dos soldados vence por mes dous mil seisçentos reis / e hum pagem outoçentos reis / he dous cryados a noueçentos reis cada hum / que he por mes çynquo mil duzentos reis – $\overline{b}$ ijᶜ reis

que soma por Ano sesenta dous myl quatroçentos reis – $\overline{\text{lxij}}$ iiijᶜ reis

jtem O alferes vençe por mes dous myl reis e hum cryado/. noueçentos reis que he por mes dous myl noueçentos – $\overline{\overline{\text{ij}}}$ ixᶜ reis

que soma por Ano trynta quatro myl outoçentos reis – $\overline{\text{xxxiiij}}$ biijᶜ reis

jtem Ao sargento vençe por mes myl outoçentos reis hum cryado noueçentos reis que he por mes dous myl seteçentos reis – $\overline{\overline{\text{ij}}}$ bijᶜ reis

que soma por Ano/. trynta dous mil quatroçentos reis – $\overline{\text{xxxij}}$ iiijᶜ reis

jtem O escryuão que e apontador da dita companhia vençe por mes myl seisçentos reis e hum cryado /. noueçentos reis /. que e por mes dous mil quynhentos reis – $\overline{\overline{\text{ij}}}$ bᶜ reis

que Soma por Ano trynta myl reis – $\overline{\text{xxx}}$ reis

jtem Outo caporães sscilicet seis que seruem na uegya he guarda do muro e da cidade e hum que e damjão fernandez / que serue na guarda da porta, do canpo e outro na guarda do capitão que cada hum vençe mil dozentos reis cada mes que em todos e por mes noue mil seisçentos reis – $\overline{\text{ix}}$ bjᶜ reis

que Soma por Ano /. çento quynze mil duzentos reis – $\overline{\text{cento xb}}$ ijᶜ reis

---

47   Ms.: se debe leer "despende".

[fl. 11v] j*tem* Dous apanhadores e hu*m* pifaro ve*n*çe por mes cada hu*m* myl duze*n*tos re*is* /. que he por mes tres mil seiscentos re*is* – $\overline{\text{iij}}$ bj^c re*is*

q*ue* Soma por Ano core*n*ta tres myl duze*n*tos re*is* – $\overline{\text{Riij}}$ ij^c re*is*

j*tem* hun e*m*bandeirado e hu*m* meirynho ve*n*çe por mes cada hu*m* mil re*is* que são e*m* anbos por mes dous myl re*is* – $\overline{\text{ij}}$ re*is*

q*ue* Soma por Ano vynta quatro myl re*is* – $\overline{\text{xxiiij}}$ re*is*

j*tem* Duzentos soldados ss*cilicet* çe*n*to oute*n*ta que serue*m* na uegia, e guarda desta çidade e os vy*n*te na carauela darmada, despende*m* por mes todos a Rezão de noueçe*n*tos re*is* cada hu*m*/. çe*n*to oute*n*ta mil – $\overline{\text{cento}}$ lxxx re*is*

q*ue* soma por Ano dous co*n*tos çe*n*to sesenta mil re*is* – ij co*n*tos $\overline{\text{clx}}$ re*is*

j*tem* e asy despende*m* todos os ditos soldados co*m* hos ditos ofeçiães por mes e*m* di*n*hei*ro*/. duze*n*tos outo mil quynhentos re*is* – $\overline{\text{ij}^c\,\text{biij}}$ b^c re*is*

q*ue* Soma por Ano/. dous co*n*tos quynhe*n*tos dous mil re*is* – ij co*n*tos $\overline{\text{b}^c\,\text{ij}}$ re*is*

j*tem* Despende*m* mais os ditos çe*n*to oute*n*ta soldados co*m* hos ditos ofiçiães de seu ma*n*timento por mes a Rezão de cada hu*m* sua fanga/. duze*n*tas tres fangas de tr*igo*/. porque hos vy*n*te que serue*m* na carauela darmada ão nela seu ma*n*time*n*to que são treze moios[48] trj*n*ta dous alq*ue*ires de trygo – xiij m*oios* xxxij A*lqueires*

q*ue* Soma por Ano çe*n*to sesenta dous mojos vy*n*te quatro alqueires de trygo – cento lx m*oios* xxiiij A*lqueires*

Obras

j*tem* Ovrador e pagador dos soldados e ge*n*te das obras ve*n*çe por mes tres mil treze*n*tos try*n*ta re*is* dous ceites – $\overline{\text{iij}}$ iiij^c xxx re*is*

q*ue* Soma por Ano core*n*ta myl re*is* – $\overline{\text{R}}$ re*is*

j*tem* O escryuão da matrycola e pagame*n*tos dos soldados gente das obras ve*n*çe por mes mil quinhe*n*tos re*is* [fl. 12] e hu*m* moço quatroçe*n*tos re*is*/. que he por mes myl noueçe*n*tos – $\overline{\text{j}}$ ix^c re*is*

q*ue* soma por Ano vynte dous myl noueçe*n*tos – $\overline{\text{xxij}}$ biij^c [*sic*] re*is*

---

48   Ms.: mancha de tinta en parte de la palabra.

jtem hũm Mestre que ora serue que he hum coadrylheiro/. das obras que não vençe mais ordenado/. que o de coadrylheiro/. que e por mes dous myl quynhentos reis – ij bᶜ reis

que Soma por Ano/. trynta mil reis – xxx reis

jtem hum fiel da cal vençe por mes dous mil reis e hum moço que tem cento xxx bij reis meio/. por mes que he por mes dous mil çento trynta sete reis e meio – ij cento xxx bij reis meio

que Soma por Ano/. vynte cynquo mil seisçentos cynquoenta reis – xxb bjᶜ Lᵗᵃ reis

jtem cynquo apontadores vençem por mes cada hum mil reis/. de sua pᵃ/. çento trynta sete reis e meio por mes de cada moço/ que são todos por mes cynquo mil seisçentos outenta sete reis e meio – b bjᶜ lxxxbij meio

que soma por Ano/. sesenta e outo mil duzentos cynquoenta reis – lxbiij ijᶜ Lᵗᵃ reis

jtem hum meirynho das ditas obras vençe por mes mil reis – j reis

que soma por Ano doze myl reis – xij reis

jtem hum hescryuão das monyções vençe por mes quynhentos reis – bᶜ reis

que soma por Ano seis myl reis – bj reis

jtem em fisyco esprytal dos enfermos das ditas hobras/. vençe por mes seisçentos sesenta seys reis quatro çeitis – bjᶜ lxbj reis 2/3

que Soma por Ano outo myl reis – biij reis

[fl. 12v] jtem hum Aparalhador e tres coadrylheiros alem do quoadrylheiro que serue de mestre vençem por mes cada hum dous mil quynhentos reis /. que são por mes dez myl – x reis

que soma por Ano çento vynte mil reis – cento xx reis

jtem trynta pedreiros vençem por mes cada hum myl quynhentos reis que he por mes corenta cynquo myl reis – Rb reis

que soma por Ano quynhentos corenta reis – bᶜR reis

jtem hum Mestre de Repairos vençem reis de yornal por dya, de seruyço / que huns meses por outros poderão vençer cada mes vynte quatro dyas de seruyço / que he por mes dous mil quatrocentos – ij iiijᶜ reis

que Soma por Ano/. vynte oito mil outoçentos reis – xxbiij biijᶜ reis

62

jtem tres carpynteiros que ora seruem nas obras vençe cada hum por mes myl quynhentos reis que he por mes quatro myl quynhentos reis – iiij bᶜ reis

que soma por Ano/. cynquoenta quatro mil reis – liiij reis

jtem hum ferreiro mestre da tenda, da ferraria, vençe por mes myl quynhentos reis – j̄ bᶜ reis

que soma, por Ano dozoyto myl reis – xbiij reis

jtem corenta cabouqueiros vençem cada hum por mes myl quynhentos reis – que são em todos por mes sesenta myl – l̄x reis

que Soma por Ano/. seteçentos vynte myl – bij̄ᶜ xx reis

jtem duzentos vynte seruydores vençem cada hum por mes noueçentos reis /. que são en todos por mes çento nouenta outo mil – cento lRbiij reis

que Soma por Ano dous contos trezentos setenta seis myl reis – ij contos iijᶜ Lxxbj reis

[fl. 13] jtem corenta seis azemelas que vençem cada hũa huns meses por outros vynte quatro dyas/. a Rezão de çem Reis de jornal por dya/. de seruiço que são em todas por mes çento dez mil quatroçentos reis – cento x iiijᶜ reis

que Soma por Ano/. hum conto trezentos vynte quatro myl outoçentos reis – quonto iijᶜ xxiiij biijᶜ reis

jtem e asy pela dyta maneira despendem por mes as dytas trezentas pesoas de seruyço que seruem nas dytas obras por Regymento e os dytos hofyçiães delas e as corenta e seys azemelas de yornal quatroçentos corenta noue mil quynhentos vynte cynquo reis – iiijᶜ Rix bᶜ x[xb reis][49]

que Soma por Ano çynquo contos trezentos nouenta quatro myl trezentos reis – b quontos iijᶜ LRiiij iijᶜ reis

jtem despendem mais as ditas trezentas pesoas he dozaseis ofeçyães com seus moços de seu mantimento por mes trezentas dozaseis fangas de trigo / que he por mes vynte hum moio [sic] quatro alqueires – xxj moio [sic][50] iiij Alqueires

que soma por Ano dozentos synquoenta e dous moios corenta e outo alqueires de trigo – ijᶜLij moios Rbiij Alqueires

---

49   Ms.: folio rasgado.
50   Ms.: rasura sobre "xxii [sic]".

[51]jtem despendem mais nas ditas obras em caruão na feRarja delas mil corchos de caruão/. huns anos por outros que custara sesenta reis por corcho posto nesta cydade que são em todos por Ano/. sesenta mil reis – l̄x reis

jtem despensense cada Ano/. com oito bões de sol que andão/. nas obras vynte barsynas de palha que heste Ano custarão a Rezão de seisçentos reis cada hũa/. que he por Ano/. doze myl reis – x̄īj reis

jtem despendese cadano/. em papel de que se fazem os Rões do dinheiro e do trigo / e os pontos e mandados certydões / e outras cousas nesesaryas as obras he soldados quatro Resmas de papel a Rezão de quatrocentos reis a Resma e de tynta meya [fl. 13v.] Canada/. por mes a Rezão de seis vynteens a canada/. e do fio agulhas oytenta reis /. que tudo soma por Ano/. dous mil quatroçentos reis – īj iiijᶜ reis

jtem despendese mais em dous lyuros da matrycola sscilicet/. hum pera os soldados de quatroçentas folhas e outro pera gente das obras de quynhentas folhas que poderão custar cada hum dous mil reis e asy mais com eles outros dous lyuros pera Reegystos das çertidões dos soldados gente das obras/. que custara cada hum duzentos reis/ que em todos soma/. quatro myl quatroçentos reis os quais lyuros he nesesaryo que venhão do Reyno/. porque qua não hos haa – īiīj iiijᶜ reis

jtem despende mais em hũas casas em que ora pousa o veador pagador das obras por Ano noue mil seisçentos reis – īx bjᶜ reis

jtem despende mais em hũas casas em que ora pousa ho espriuão da matrycola, e dos pagamentos dos soldados gente das obras por Ano quatro myl oytoçentos reis – īiīj biijᶜ reis

jtem despende mais em hũas casas em que ora pousa ho mestre das obras por Ano sete mil duzentos reis – b̄ij ijᶜ reis

jtem e asy pela dita maneira atras decrarada/. despendem por mes os soldados e gente das obras seisçentos cynquoenta, oyto mil vynta çinquo reis – b̄jᶜ Lbiij xxb reis

que soma por Ano [52] com as mais despesas açima decraradas sete contos noueçentos nouenta seys myl seteçentos reis – bij quontos īxᶜ LRbj biijᶜ reis

jtem e asy despendem pela dita maneira hos ditos çento outenta soldados com hos seus ofeçiães e as dytas trezentas pesoas de seruyço com os ofeçiães delas

---

51   Ms.: en el margen izquierdo "dous cochos [sic] fazem hum saquo".

52   Ms.: rasura sobre las palabras: "sete contos".

que seruem nas dytas obras de seu Mantimento por mes quynhentas dozanoue fangas que são trynta quatro mojos e trynta seys alqueires – xxxiiij moios xxxbj Alqueires

[fl. 14] que soma por Ano/. quatroçentos quynze mojos e doze alqueires de trigo – iiijᶜ xb moios xij Alqueires

e asy se despende mais a custa da fazenda de sua Alteza em camynheiras e coReias que per muytas vezes e nesesaryo mandar com cartas davysos he doutras cousas ynportantes ao seruyço de sua Alteza que por ser ynserto hos que podem ser, mandar cadanno/ se não poem aquy a despesa que Ffarão/.

e asy por a algũas vezes vem auysos do capitão de Tangere ./. a esta çidade, por mar e por teRa, per avysos e nouas que trazem mouros de noua de avyso de ardys e doutras cousas que os Mouros e turquos ordenão contra, hesta çydade e as guardas dela/. pera ho que he nesesaryo/. aver aquy dinheiro pera lhes pagar por que hos posão trazer, quando conprir he a menos que e custume que se lhe pagão são dez cruzados/.

e asy e nesesaryo a verdadeiro [sic]/. pera se pagar fretes de nauyos que pasão pera feitorya e pera ho Reyno/. e asy a outros que se mandão a tangere com avysos de cousas ynportantes a guarda da dita çydade ./. per as quais cousas e nesesaryo que o pagador, que vyer fazer ho pagamento a esta çydade traga comysão pera pagar as despesas que nas tãys cousas forem feytas por que en tanto não vyer ho pagamento mandarey tomar dinheiro emprestado pera pagarem ///.

[fl. 14v][53] jtem no ano de 1564 estauão em ceita duas mjll e duzemtas almas de comfição e avera mais de mjll e seiscemtas pequenas que não erão de confição/ e por todas serao o mais serto quatro mjll almas

---

53   N.E.: escrito con caligrafía distinta (A) de las anteriores páginas.

4. *Listado de la artillería que está en Ceuta en el baluarte San Sebastián, en el baluarte Santo Antonio, en la puerta del campo, en el miradero, en el baluarte San Pedro, en la puerta vieja de la Almina, en el baluarte Santo Domingo, en la puerta de la Ribera, en la coracha, en el muro de la parte del campo, entre los baluartes Santo Antonio y San Sebastián, en la casamata donde trabajan los carpinteros, en la casamata vieja de la puerta de la Almina, en la carabela de la armada, y en el almacén. S.l. [Ceuta], s.d. [c. 1564?] – Res., COL-Ceuta/Lv.01, fl. 15-16v*

[fl. 15] Este e o Rol dartelharya que hesta nos muros de Seyta e a mais que podya caber

baluarte são sebastião

[54] *item* quatro esperas

item dous camelos

item hũa aguya

item hũa colonbryna

pera hestas outo pesas são nesesaryos doze bonbardeiros – 12

baluarte sãoto antonio /.

[55] *item* duas esperas

item duas Aguyas

item hun camelo

item hum pedreyro

item dous falcõens e hum cão[56]

pera estas outo peças são nesesaryos dez bonbardeiros – 10

A porta do canpo

[57] *item* hun lyão

item quatro esperas

item hum camelo

---

54   Ms.: en el margen izquierdo: "nam cabe mais artilharya".

55   Ms.: en el margen izquierdo: "cabera mais hũa espera".

56   Ms.: las palabras "e hum cão" han sido añadidas después con otra caligrafía.

57   Ms.: en el margen izquierdo: "cabera mais hum lyam pera tirar pera o porto del Rey".

item hun pelycanno

p*er*a hestas sete peças são nnesesaryas outo bonbard*ei*ros – 8

Myradouro

item tres lyõeys

item hũa aguya

[fl. 15v.] [58] *item* tres esperas

item hun falquão

p*er*a estas outo peças são nesesaryos doze bonbard*ei*ros – 12

baluarte são Pedro /.

[59] *item* Duas esperas

p*er*a hestas duas peças são nesesaryos tres bonbard*ei*ros – 3

sobre a porta velha dalmjna

[60] *item* Duas hesperas

item hum falquão

p*er*a estas tres peças são nesesaryos quatro bonbard*ei*ros – 4

baluarte São domyngos

[61] *item* hũa espera

item huan serpee

item hun camelo

p*er*a hestas tres peças são nesesaryos cy*nqu*o bonbard*ei*ros – 5

sobre a porta da Ryb*ei*ra que vaj p*er*a tetuão

[62] *item* hun pedreyro

item hu*m* falquão

---

58   Ms.: en el margen izquierdo: "abastão".

59   Ms.: en el margen izquierdo: "não te*m* ca p*er*a mais".

60   Ms.: en el margen izquierdo: "cabera mais duas esperas".

61   Ms.: en el margen izquierdo: "cabera mais duas esperas". Esta nota se escribe con la caligrafía A.

62   Ms.: en el margen izquierdo: "cabe mais hũa espera, hu*m* pedreiro hu*m* camelo".

item hun berço

p*er*a estas tres peças são nesesarjos dous bonbard*ei*ros – 2

na couraça

item hu*m* camelo

item hũa espera

[fl. 16] [63] *item* hun pedreiro

item hu*m* falquão

p*er*a hestas synq*uo* peças são nesesaryos cynq*uo* bonbard*ei*ros – 5

no Lanço do muro da parte do canpo

antre os dous baluartes sãoto ant*oni*o são sebastião /.

[64] *item* onze falquõees

item dous quãyes

p*er*a hestas treze peças são nesesarjos doze bonbard*ei*ros – 12

na casamata, onde trabalhão os carpynteiros

[65] *item* hum camelo

item hum falquão

p*er*a estas duas peças são nesesaryos dous bonbard*ei*ros – 2

na casamata velha da porta, dalmynna

[66] Avera myster, Dous bonbard*ei*ros

soma, todas as pecas dartelharja que serue*m* nesta çydade sese*n*ta e duas

A myster p*er*a esta artelharya, sete*n*ta seis bonbard*ei*ros

A myster mais p*er*a caruela [*sic*][67] darmada, dez bonbard*ei*ros

---

63 Ms.: en el margen izquierdo: "podera caber, hu*m* camelo seis berços".

64 Ms.: en el margen izquierdo: "cabera mais hu*m* pedreiro quatro berços".

65 Ms.: en el margen izquierdo: "não te*m* nesesidade de mais". Esta nota se escribe con la caligrafía A.

66 Ms.: en el margen izquierdo: "avera mester hu*m* camelo e hu*m* predreiro [*sic*]". Esta nota se escribe con la caligrafía A.

67 Ms.: léase "caravela".

item nesta cydade não a mais que sese*n*ta bombard*ei*ros por todos por Regimento de S*ua* A*lteza* asy hos que serue*m* na çidade como os que serue*m* na carauela darmada, a terça parte deles não serue*m*/. hu*n*s por preuelegyados por fauor que te*m* na teRa, outros por não sabere*m* nada, e algu*n*s deles Crystãos nouos

[fl. 16v.] de*n*tro no almazem ha mais artelharia segura[68]

item hu*m* pedreiro *item* tres falcois *item* vi*n*te bercos/[69]

---

68   N.E.: este texto se escribe con la caligrafía A.
69   N.E.: este texto se escribe con la caligrafía A.

5. *Listado de pozos y norias que existían en la Almina de Ceuta*. S.l. [Ceuta], s.d. [XVI] – Res., COL-Ceuta/Lv.01, fl. 17-17v

[fl. 17] Estes são hos poços que estão e*m* almynna

item Andre lop*ez* te*m* hũa nora aberta que, e del Rey por lha ter ya paga/. tem muyta agoa, do ynverno e verão podera ter atee tres palmos dagoa, / da banda de gybeltar [*sic*] /.

item Crystouão fe*rnandez* te*m* hun poço p*e*la mesma parte, e pequeno ten pouqua agoa, sequa no uerão /.

item Pero de matos te*m* hun poço piqueno sequa no uerão.

[70] *item* Ffernão de caRião te*m* hun poço bo*m* te*m* muitagoa podera ter de verão quatro ou synq*u*o palmos dagoa.

item Yoão lop*ez* houtro poçynho piqueno sequa de uerão.

[71] *item* O genRo do cura, ten hua nora de muytagoa, tera de todo verão cynq*u*o seys palmos dagoa.

item Afonso gaRo /. te*m* hu*m* poço sequa de verão.

[72] *item* Fernnão da cunha, ten dous poços grandes de muyta Agoa, te*m* de verão cada hu*m* quatro cynq*u*o palmos dagoa.

[73] *item* Yoão dabreu, ten dous poços e hua nora de muytagoa tera de uerão seis sete palmos dagoa, e por muita que tire*m* nu*n*qua abaixa que se*m*pre esta neste ser.

item Andre fe*rnandez* e sua may ten dous poços e sequa*m* de verão.

item na teRa do padre chantre hu*m* poço sequa de verão.

[74] *item* as alquacarias [*sic*][75] de vasq*u*o nabo te*m* hũa nora e hu*m* poço de muytagoa/. o q*u*al poço não se pode esgotar tera outo ou noue palmos dagoa //.

[76] *item* A fazenda, de p*e*ro fe*rnandez* beRyo te*m* tres poços e hu*m* de muyta agoa que nunqua se sequa, te*m* tres palmos dagoa mas não se podesgotar.

item mestre carlos te*m* hun poço do mesmo teor que nu*n*qua se sequa.

---

70   Ms.: en el margen izquierdo "3 O".
71   Ms.: en el margen izquierdo "O".
72   Ms.: en el margen izquierdo "O".
73   Ms.: en el margen izquierdo "O".
74   Ms.: en el margen izquierdo "O".
75   Ms.: leia-se "alcaçarias".
76   Ms.: en el margen izquierdo "O".

[fl. 17v] *item* Ana da costa, tem hum poço/ que sequa de verão.

item Yorge vyeira ten hua nora, de pouqua Agoa, seca no verão.

item Dyogo nabo hum poço sequa de verão piqueno/.

item gonçalo bocaRo tem hum poço pequeno sequa de verão //.

item Amtonio machado/. tem outro poço pequeno de muito pouquo [*sic*]/. agoa que sequa, no verão.

[77] *item* Oos maryns [*sic*] ten hũa nora, de muytagoa, que nunqua se sequa, tera çynquo seys palmos daguoa/. de verão /.

[78] *item* bastião Rodrigues ten hum poço/ de muytagoa, tera de verão/. seis sete palmos dagoa.

Agoa de fora

---

77   Ms.: en el margen izquierdo "O".
78   Ms.: en el margen izquierdo "O".

6. *Indicaciones de los navíos pueden fondear en la "banda de Tetuán", y sobre cómo descargar artillería en esa zona de la ciudad.* **S.l. [Ceuta], s.d. [c. 1564?] – Res., COL-Ceuta/Lv.01, fl. 18**

[fl. 18] banda de tutuão

item no seixall[79] com ponemte podem estar ujnte naujos ate a junqueira[80] com as proas em tera e fora podem estar qoãotos qujserem por que he mujto alquãotivado [*sic*][81] / mas tem hum outeiro alto y trabalhoso pera sobirem de mar asima almjna artelharia

item na fomte cuberta[82] com ponente vjnte bracas da tera tem duas dalto podem estar dez ou doze naujos

item no desnarigado podem estar com as proas em tera quatro ou simquo naujos por que tem em tera brasa e mea daguoa e ho lugar [83] majs aparelhado pera se desembarcar artelharia por que tem loguo tera esa por omde hum [*sic*] trazer e isto em ponente

item no sousinho [*sic*] ujnte bracas ao mar ha hũa braca e mea daguoa podem estar com leuamte ujnta simquo naujos se o leuãote não for mujto tromemtoso

item no porto del Rei[84] pegado com tera e afastado e na sisterna[85] podem estar quãotos naujos qujseram mas artelharia da sidade falha chegada jsto com leuãote

---

79   Ms.: actualmente "Sarchal".

80   Ms.: deberá localizarse entre el Sarchal y el la Fuente Cubierta (zona del actual Morabito Sidi Bel Abbas).

81   Ms.: se debe leer "alcantilado".

82   Ms.: actualmente "Fuente Cubierta".

83   Ms.: rasura sobre "he".

84   N.E.: que se localizaría en la actual playa de San Amaro. Véase el mapa "*Dessenho da cidade e fortaleza de Cejta com discripçao da terra da Almina e da do Campo de Berberia*", de cerca de mediados del siglo XVI (signatura: MPD, 12, 078).

85   N.E.: suponemos que se trataría de la zona del Puerto de la Cisterna, cuya localización aproximada se podrá ver en el mapa "*Dessenho da cidade e fortaleza de Cejta com discripçao da terra da Almina e da do Campo de Berberia*", de cerca de mediados del siglo XVI (signatura: MPD, 12, 078). Actualmente se localizaría entre San Amaro y San Pedro (Gurriarán, Sáez y García, 2011: 417).

7. *Medición de la altura y anchura de la cava del frente de tierra de Ceuta.* S.l. [Ceuta], s.d. [después de 1544-1549] – Res., COL-Ceuta/Lv.01, fl. 18v

[fl. 18v]

esta e altura, e largura da caua de ceyta da banda da teRa firme

item ho baluarte são sebastião te*m* daltura co*m* as ameias cento e vinte palmos / a as ameias são douto palmos e meio[86] / pera a bãoda de fora e pera a bãoda de de*n*tro da cidade te*m* setemta e si*n*quo palmos[87]

item A caua, ten de largura ce*m* palmos[88]

item do baluarte sam sebastião ate o baluarte samtãotonio a setemta he quatro bracas: e pola bamda d'almina quasi outras tamtas bracas //[89]

da couraca da Ribeira ate o baluarte do penedo da sardinha a cemto e setemta bracas: e pola bamda de gibaltar casi outras tamtas // cada braça são dez palmos //[90]

item A contra chapa da dita caua, te*m* sete*n*ta palmos no mais alto dela/. que he meio pano dela e asy ve*m* co*r*rendo a vontade da te*rr*a / ate o baluarte sãoto antonyo/.[91]

item o baluarte sãoto antonyo te*m* ce*m* palmos d'alto/.[92]

item da ponta, deste baluarte ate porta do campo vão estreitando a caua/. que a lugares te*m* setenta palmos/ do larguo/ e a contra chapa deste dito baluarte/ ate porta do dito Campo/. vynte seis palmos[93]

item as ameas da parte da tera são de larguo por baixo vi*n*te palmos e vão estrei-tamdo por da ba*n*da de fora pera de*n*tro desta mancira c o qu*e* fiqua da mea ate

---

86 N.E.: el texto "*item* ho baluarte são sebastião te*m* daltura co*m* as ameias cento e vinte palmos / a as ameias são douto palmos e meio" esta escrito con la caligrafía C.

87 N.E.: el texto "pera a bãoda de fora e pera a bãoda de de*n*tro da cidade te*m* setemta e si*n*quo palmos" esta escrito con la caligrafía A.

88 N.E.: el texto esta escrito con la caligrafía C.

89 N.E.: esta entrada esta escrita con la caligrafía D.

90 Ms.: esta entrada fue acrecentada en el margen derecho. Esta escrita con la caligrafía D.

91 N.E.: el texto esta escrito con la caligrafía C.

92 N.E.: el texto esta escrito con la caligrafía C.

93 N.E.: el texto esta escrito con la caligrafía C.

ho cabo do muro de largura no mais estreito he vi*n*te e dou [*sic*] [94] palmos e desta maneira fiqua ho muro todo core*n*ta e dous palmos[95]

item co*m* meias Agoas te*m* a boca da caua da banda de gibeltar [*sic*][96] q*ue* he mais alta[97] de prea mar sinq*uo* palmos e meio e de baixa mar dous e meio/./[98] e dagoas ujuas meas de prea mar oyto palmos e tres de baixa mar[99]

item no meio da caua onde surge*m* os nauios co*m* as mesmas agoas te*m* de prea mar sete palmos e meio e de baixa mar synq*uo* palmos[100]

item da bamda de tetoão tem na boca da caua de prea mar co*m* agoas ujuas seis palmos e de baixa mar dous palmos[101]

item da bamda do campo a tresemtos pasos afastado do muro fiqua a [tera][102] tam alta como os muros principalmente ao baluarte são sabastião e cada ves vai a tera aleuãotamdo mais alta q*ue* o muro[103]

a caua dalmjna ten noue*n*ta palmos de larguo e dalto sesemta[104]

---

94   Ms.: se debe leer "dous".
95   Ms.: en el margen derecho de pone este dibujo:

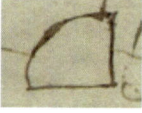

      Este texto se escribe con la caligrafía A.
96   N.E.: el texto "*item* co*m* meias Agoas te*m* a boca da caua da banda de gibeltar [*sic*]" esta escrito con la caligrafía C.
97   N.E.: el texto "q*ue* he mais alta" esta escrito con la caligrafía A.
98   N.E.: el texto "*item* co*m* meias Agoas te*m* a boca da caua da banda de gibeltar [*sic*]" esta escrito con la caligrafía C.
99   N.E.: el texto "e dagoas ujuas meas de prea mar oyto palmos e tres de baixa mar" esta escrito con la caligrafía A.
100   N.E.: el texto esta escrito con la caligrafía C.
101   N.E.: el texto esta escrito con la caligrafía A.
102   Ms.: folio rasgado.
103   Ms.: esta entrada fue acrecentada en el margen izquierdo. Se escribe con la caligrafía A.
104   Ms.: Esta nota está añadida al margen ezquierdo y está escrita con la caligrafía A.

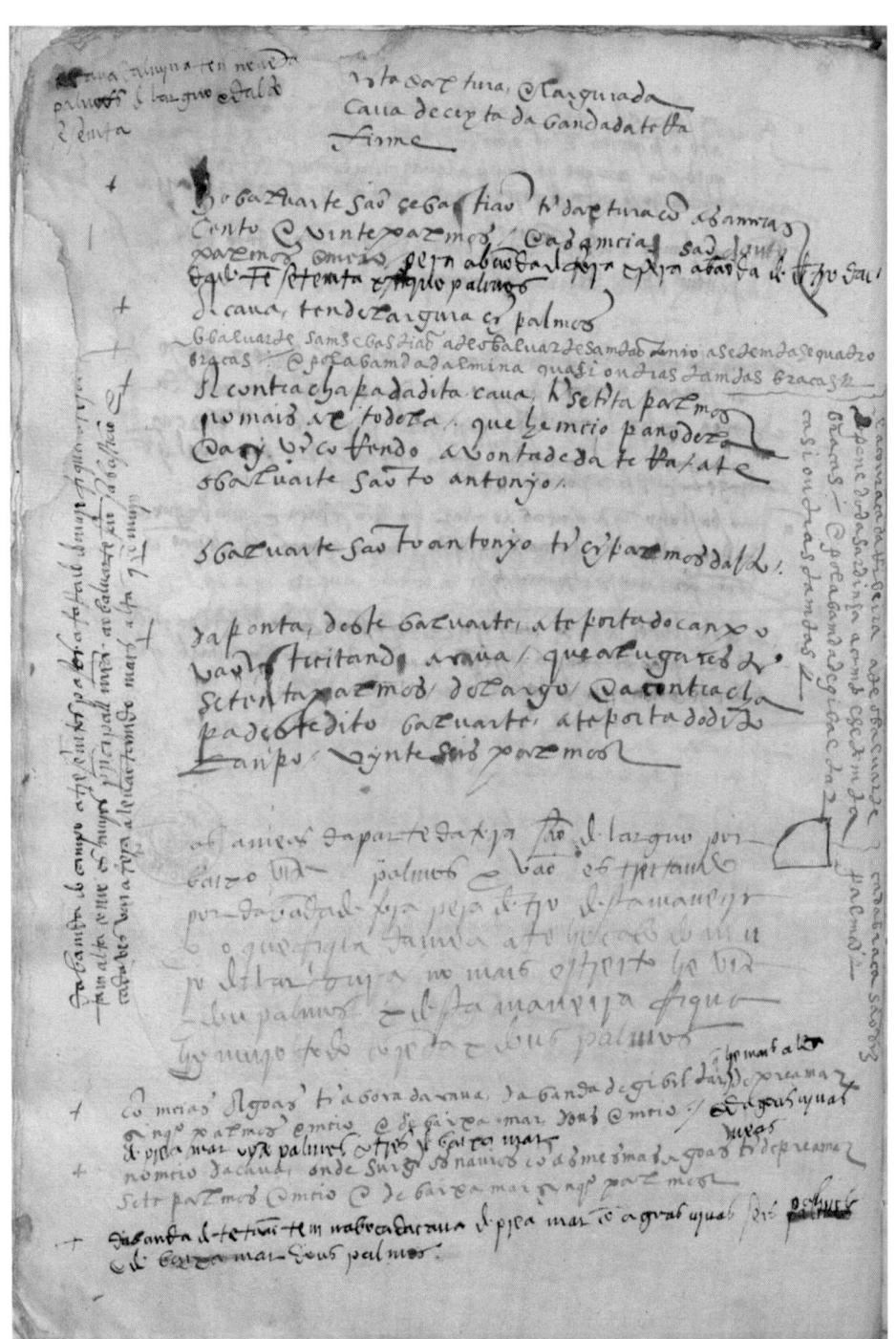

8. Listado de los bienes que debe haber en cada plaza militar portuguesa del Norte de África. S.l., s.d. [XVI] – Res., COL-Ceuta/Lv.01, fls. 19-20

[fl. 19]

ho que se ordenou, que ouuese em cada hum dos Lugares dalem e o seguynte

item tres tronbetas

item hum poluorysta

item hum armeiro

item hũm seRalheyro

item hũm FeReiro de obra, grosa e myuda

item Armas pera toda gente da gouernança, em que entrão as que os moradores são obrygados a ter / e com elas se perfazão/. os dous terços da gente a que se darão/. e que hum terço esta nos almazeis as quais serão cosoletes he seruylheiras

item que aya, duas Lanças pera cada homem da gouernança

item que aja, pyques a Rezão de pyque por pessoa

item que aya, os dous terços de arquabuzes

item que aja, hum terço de bestas

item que proueyão os arquabuzeiros de poluora, e chunbo tanto de hum como de outro/. a Rezão de dozentos tiros e a dita, Rezão doze braças de pauyo

item de fio pera as [105] cordas das bestas quatrocentas Rodas

item a cada Lugar, dozemtas chuças e alabardas

item que se de aos tiros grosos a Rezão de sinquoenta pilouros

item Artelharya, que e ordenada, a dita çidade, que he a que vay no cabo deste Rol //.

item que se de as esperas e meias esperas a Rezão de outenta pylouros

item que se de, aos tiros de camara, a Rezão de cem pilouros qua a este Respeito se lhes de a poluora

[fl. 19v] *item* que a cada peça grosa, se de hum bonbardeyro

item dalquanzyas tres myl das acostumadas

---

105 Ms.: rasura sobre "ditas".

item e quynhe*n*tas de meia a*rr*oba, cada hũa

item de bonbas de fogo cynquoe*n*ta

item alquatrão ce*m* baRis

item Engenho de poluora, que pareçe ser moynho aparelhado con todo ho nesesaryo /

item de breu p*er*a brear os Repaires a Reção de baRil por peça grosa, p*er*a se brear, duas vezes no ano/. e p*er*a esperas e camelos a Rezão de dous baRis por ano a tres peças e aos banquos dos falcois a Rezão de baRil por ano/. p*er*a quatro ba*n*cos

item de foroeis [*sic*] de dous palmos de dyametro vynte co*m* nouelos e azeite/.

item de seuo hũa pipa./ dalenternas çynq*u*enta

item de candeias de seuo cynqoenta, lyuras

item de fugareiros de cobre cynquo

item de caldeiras de cobre synquo grandes

item de colheres p*er*a fazer pylouros a Rezão de a cada vynte arquabuzes hũa colher

item de cabraas [*sic*] aparelhadas hũa grande e outra pyquena

item de uygas duze*n*tas /. de terçadadas duze*n*tas

item de taboado de cubertas de naos vy*n*te duzias

item de paos de hu*m* fio duzentas

item de pauyolas caRadas [*sic*]¹⁰⁶ çento

item de escadas tri*n*ta /. ss*cilicet* /. qui*n*ze de po*n*tois / de duas e*m* caRo / e quy*n*ze de po*n*tois de quatro e*m* caRo/

item pregaduras A que, pareçer nesesarya, feita a conta, conforme a madeira taboado po*n*tõis [fl. 20] e portas que tiuer, o lugar de que se fara co*n*ta con hos ofeçiais

item de feRamenta, pareçe que se deue prouer p*er* esta maneyra ./ ss*cilicet* /. tantas e*n*xadas como a metade da gente, da gouernança / e outras ta*n*tas tacholas e a terça parte de pas feRadas de pycois / cento / de lanças / grandes dez /. de maRois quatro /. de cunhas de cabouqueiros dez de palmetas çento / de fouçes Rosadouras trynta / de machadas vynte /. de FeRo cynq*u*oenta quyntais

---

106 Ms.: se debe leer "serradas".

item de aSo synquo quyntais

item de alcofas desparto A Rezão de çinquo alcofas por home*m* da gouerna*n*ça

item de guyndaresas doze /. de cordas desparto de preco de çe*m* Reis a cada, cynquoe*n*ta

item de poles [*sic*] p*er*a elas cy*n*quoenta / *item* / cordas comu*n*s hũa grosa / *item* / synos cynquo / ss*cilicet* hu*m* gra*n*de p*er*a ho Repyque e quatro piquenos p*er*a as velas

item de saquos p*er*a descarga / quynhentos

item de sal cynquoenta moyos

item De caruão mil saquos / *item* / de a*n*coras duas co*m* suas cadeias e cabras de peSo / de vi*n*te quyntais cada hũa p*er*a cyma.

9. *Listado del gasto que ocasionan cien soldados y otros hombres con sus caballos*. S.l. [Ceuta], s.d. [XVI] – Res., COL-Ceuta/Lv.01, fls. 21-21v

[fl. 21]

este [*sic*] he a lembramça do guasto

que faze*m* çem soldados e qua*n*tos

de caualo faze*m* o que eles guastão

Jt*em* cada soldado por mes co*m* o q*ue* leuão hos oficiais deles hu*n*s por outros guastão por mes mil r*e*is E çem r*e*is da monjcão q*ue* faz mil e ce*m* r*e*is que somão todos por anno hum comto treze*n*tos e vinte mil r*e*is – j p*on*to [*sic*][107] $\overline{iij^c}$ xx [r*e*is][108]

Jt*em* mom*t*ão mais e*m* mil e duze*n*tas Fa*n*gas de tri*g*o que mais ve*n*çem estes çem soldados cadano a Rezão de quatro alqueires por mes cada hu*m* deles / E o tri*g*o a Rezão de quatroce*n*tos r*e*is por famgua quatroçe*n*tos e oyte*m*ta mil r*e*is – $\overline{iiij^c}$ lxxx [r*e*is][109]

Mom*t*a todo o guasto que Faze*m* os ditos soldados hu*m* comto hoytoçe*n*tos mil r*e*is – j q*on*to $\overline{biij^c}$ r*e*is

Jt*em* vemse cada home*m* de caualo de Soldo por mes treze*n*tos e simquoe*n*ta r*e*is que mo*n*ta p*er* ano quatro mil duze*n*tos r*e*is – $\overline{iiij}$ ij^c r*e*is

Jt*em* ve*n*se mais de tri*g*o dezanoue alq*ue*ir*e*s que a dita Rezão asima de çe*m* o alquere soma cadano vinte dous mil oytoçe*n*tos r*e*is – $\overline{xxij}$ biij^c r*e*is

Jt*em* sesem*t*a e sete omes de caualo custão e farão de guasto hu*m* comto e oytocentos e noue mil r*e*is – j q*on*to $\overline{biij^c}$ ix r*e*is

que faze*m* mais custo que os ditos cem soldados a fazenda de sua A*l*teza noue mil r*e*is p*er* ano e quere*n*do fazcr sesem*t*a e e seis [*sic*] omes de caualo se fara a dita fazenda dezojto mil r*e*is

[fl. 21v] [semdo estes][110] sese*n*ta e sete ou seis omes cyados [*sic*][111] de sua A*l*teza lhe forão todo o soldo q*ue* ouere*m* de ve*n*ser por os tais leuão suas moradias e não soldos e fora*m* duze*n*tos e oyte*n*ta e hu*m* mil e quatroçe*n*tos r*e*is – $\overline{ij^c}$ lxxx iiij^c r*e*is

---

107 Ms. léase "conto".
108 Ms. folio parcialmente rasgado.
109 Ms. folio parcialmente rasgado.
110 Ms. folio parcialmente rasgado.
111 Ms. se debe leer "criados".

e quamto a Rolda do muro que de çento tira trymta e tres ou trymta e quatro homens e a deferença tão pouqua que não emporta nada

E se destes ditos cem soldados não se fazendo mais que hos simquoenta omens de Caualo guastão per ano hum comto e trezentos e sjmquoenta mjl reis – j qonto $\overline{iij^c L^{ta}}$

que tirados de hum quonto hoytoçentos mil reis que fazem em cada hum ano de custo os ditos cem soldados fiquão foras [sic] a fazenda de sua Alteza quatrocentos e simquoenta mil reis

E semdo de Sua Alteza Fazem menos de custo do soldo que forão por leuarem suas moradias como vensem amdando na Praça duzentos e dez mil reis – $\overline{ij^c}$ x reis

que farão Ao todo o que forão hos Ditos sjmquoenta de caualo asy em soldos como no trigo seisçentos e sesenta mil reis – $\overline{bj^c}$ Lx reis

10. *Listado de los capitanes de Ceuta desde el siglo XV hasta 1591.* S.l. [Ceuta], s.d. [XVI] – Res., COL-Ceuta/Lv.01, fl. 22v

[fl. 22v]

estes são hos capitais que os homeis velhos de çeyta se acordão [112] verem nela

item dom pedro dazauedo ho gordo o qual era solteiro

[*item*][113] gonsalo uyegas do algarue /

[*item*][114] Martin Jchoa tanbem do algarue /

[*item*][115] don carlos castelhano o qual era casado /

[*item*][116] pero barba de leirya, era casado /[117]

[*item*][118] ho conde dalcoutim era solteiro /[119]

item gomes da sylva deluas hera casado /[120]

item don João que os mouros matarão era solteiro /[121]

item dom antonio de noronha do olho /. era solteiro /

item gomez da sylua outra vez[122]

item don nunaluarez era solteiro e la casou /[123]

---

112 Ms.: rasura sobre "a".
113 Ms.: folio rasgado.
114 Ms.: folio rasgado.
115 Ms.: folio rasgado.
116 Ms.: folio rasgado.
117 N.E.: según la periodización de J. de Mascarenhas, fue capitán de Ceuta en 1509-1512 (Mascarenhas, 1918 [1648]: 289).
118 Ms.: folio rasgado.
119 N.E.: según la periodización de J. de Mascarenhas, fue capitán de Ceuta en 1512-1517 (Mascarenhas, 1918 [1648]: 289).
120 N.E.: según la periodización de J. de Mascarenhas, fue capitán de Ceuta en 1519-1521 (Mascarenhas, 1918 [1648]: 289).
121 N.E.: según la periodización de J. de Mascarenhas, fue capitán de Ceuta en 1522-1524 (Mascarenhas, 1918 [1648]: 289).
122 N.E.: según la periodización de J. de Mascarenhas, fue capitán de Ceuta en 1525-1529 (Mascarenhas, 1918 [1648]: 289).
123 N.E.: según la periodización de J. de Mascarenhas, fue capitán de Ceuta en 1529-1539 (Mascarenhas, 1918 [1648]: 289).

item dom afonso seu Jrmão era casado /[124]

item dom antão era solteiro /[125]

item Fernãodo carualhal era [126] casado /

item don p*edro* de meneses *filho* do co*nde* de lynhares que os mouros matarão era casado /[127]

item João Ro*driguez* pereira, era solteiro /[128]

item Martim coReia da sylua era solteiro /[129]

item yorge vieira era casado /[130]

item dom fernãodo de meneses era casado /[131]

item João alu*a*rez dazauedo era casado /[132]

item Dom pedro da cunha era casado /[133]

item dom manoell de meneses marquez de vila Real[134]

---

124 N.E.: según la periodización de J. de Mascarenhas, fue capitán de Ceuta en 1540-1549 (Mascarenhas, 1918 [1648]: 289, 295).

125 N.E.: según la periodización de J. de Mascarenhas, fue capitán de Ceuta en 1549 (Mascarenhas, 1918 [1648]: 295).

126 Ms.: rasura sobre la palabra "solteiro".

127 N.E.: según la periodización de J. de Mascarenhas, fue capitán de Ceuta en 1550-1553 (Mascarenhas, 1918 [1648]: 295). D. Pedro de Meneses era hijo de D. António de Noronha, 1º conde de linhares.

128 N.E.: según la periodización de J. de Mascarenhas, fue capitán de Ceuta en 1553 (Mascarenhas, 1918 [1648]: 295).

129 N.E.: según la periodización de J. de Mascarenhas, fue capitán de Ceuta en 1553-1555 (Mascarenhas, 1918 [1648]: 295).

130 N.E.: según la periodización de J. de Mascarenhas, fue capitán de Ceuta en 1555-1557 (Mascarenhas, 1918 [1648]: 295).

131 N.E.: según la periodización de J. de Mascarenhas, fue capitán de Ceuta en 1557-1562 (Mascarenhas, 1918 [1648]: 295).

132 N.E.: según la periodización de J. de Mascarenhas, fue capitán de Ceuta en 1562 (Mascarenhas, 1918 [1648]: 295).

133 N.E.: según la periodización de J. de Mascarenhas, fue capitán de Ceuta en 1564-1565 (Mascarenhas, 1918 [1648]: 295). Aunque la oficialización de su destitución solo se da en abril de 1567. Véase la nota de pié e página n.º 2.

134 N.E.: A partir de esta línea la caligrafía deja de ser la C para la A. Según la periodización de J. de Mascarenhas, fue capitán de Ceuta en 1567-1574 (Mascarenhas, 1918 [1648]: 295).

jtem diogo lopez da framca *con*tador de tãogere[135]

jtem o marquez do*m* [136] manoel outra vez[137]

jtem do*m* lionjs pereira filho do co*n*de da Feyra[138]

it*em* jorge pessanha[139]

Dom Julianes da Costa[140]

e oujrão deser q*ue* ouve estos e a velha avo de gaspar Rebeiro se ale*m*bra de-les[141]

jtem joão Rodrigues [...][142]

jtem do*m* frenãodo q*ue* foi marq[ues][143]

jtem o comde de linhares seu jirmão[144]

jtem do*m* dioguo cabeca de martelo

jtem e*n*tão do*m* p*edr*o dazeuedo

---

135 N.E.: según la periodización de J. de Mascarenhas, fue capitán de Ceuta en 1574-1577, siendo llamado de Diogo Lopes Fonseca y no Franca (Mascarenhas, 1918 [1648]: 295).

136 Ms.: rasura sobre la palabra "mjgell".

137 N.E.: según la periodización de J. de Mascarenhas, fue capitán de Ceuta en 1577-1578 (Mascarenhas, 1918 [1648]: 295).

138 N.E.: según la periodización de J. de Mascarenhas, fue capitán de Ceuta en 1578-1580 (Mascarenhas, 1918 [1648]: 295). J. de Mascarenhas y Alejandro Correa de Franca (1999 [c. 1750]: 191-192) llamanle Dionisio/Dionizio Pereira, pero se trata de un error, ya que otras fuentes corroboran el nombre Lionis/Leonis/Leoniz Pereira, hijo ilegítimo de D. Manuel Pereira, 3° conde da Feira, con Isabel Pais (Sousa, 1745: 886-887; Gayo, 1940: 173).

139 N.E.: la caligrafía deja de ser la A para ser otra no identificada. Según la periodización de J. de Mascarenhas, fue capitán de Ceuta en 1580-1586 (Mascarenhas, 1918 [1648]: 295).

140 N.E.: escrito en el margen derecho con la caligrafía para ser otra no identificada. Según la periodización de J. de Mascarenhas, fue capitán de Ceuta en 1586-1591 (Mascarenhas, 1918 [1648]: 295). J. de Mascarenhas llamale Gil Annes al invés de Julianes.

141 Ms.: añadido en la esquina superior de la hoja, en el margen derecho, pensamos que por alguna falta de espacio al final de la lista, pero creemos que por seren capitanes anteriores al siglo XVI. Esta nota corresponde a la caligrafía A.

142 Ms.: folio rasgado. Se trataria de João Rodrigues de Vasconcellos Ribeiro. Según la periodización de J. de Mascarenhas, fue capitán de Ceuta en 1446-1479 (Mascarenhas, 1918 [1648]: 260)

143 Ms.: folio dañado. Se trataria de D. Fernando de Meneses, 2° marqués de Vila Real. Según la periodización de J. de Mascarenhas, fue capitán de Ceuta en 1491-1509 (Mascarenhas, 1918 [1648]: 260)

144 Ms.: folio dañado. Se trataria de D. António de Noronha, 1° conde de linhares. Según la periodización de J. de Mascarenhas, fue capitán de Ceuta en 1487-1490 (Mascarenhas, 1918 [1648]: 260)

11. *Copia del traslado del aforamiento de un campo ("azinhaga") de Gonçalo Coelho, en el convento de S. Francisco de Ceuta, de 10 de septiembre de 1455.* **Ceuta, s.d. [XVI (1455)] – Res., COL-Ceuta/Lv.01, fl. 23-24**

[fl. 23]

Trelado de hu*m* estromento de doação [e][145] daforamento dazinhaga
q*ue* hora he de gonçalo Coelho *filho* ho q*ual* esta no tonbo de são
Fra*ncis*co da cidade de cep*e*ta

Saibão quantos este estromento vire*m* que no Ano do nacimento de noso se*n*h*o*r
je*s*u (Jhu) *christ*o (xpo) /. de mil quatroçentos e cynq*u*oenta he Cynq*u*o /. Anos /.
a dez dias do mes de setenbro /. na cidade de cep*e*ta nas casas desteuão uelho e*m*
presença de my*m* martim afonso /. tabalião por noso se*n*h*o*r el Rey /. na dita cidade
por Autorydade, do Conde dodemira capitão e gouernador dela /. p*e*lo dito se*n*h*o*r
Rey /. e das t*estemun*has ao diante, são escrytas pareçeo frey gonçalo destremos
vigairo no most*ei*ro de sãotjago da dita, cidade, Apresentou hũa carta de doação
escryta e*m* porgamynho /. e aselada de hun selo de cera vermelha e Asynada p*er*
çertos frades e*m* a dita carta conteudos segundo por ela pareçião, do q*ual* ho teor
dela e tal / Frey gonçalo destremoz guardião que ora são de sãotiago com Concelho
da defenção de frey pedro mo*n*jz uigairo do R*everen*do /. padre menystro frey Luis
de Lisboa *Licencia*do /. da santa teõlogia /. de todos hos padres jrmãos do dito
mosteiro /. estão / ss*cilicet* Frey lopo aRepiado / e frey joão de loule e frey diogo
deuora e frey p*edr*o galego /. e frey Ant*oni*o / e frey joão çebolo / todos chamados
A cabido con ca*m*pa tangida, segundo custume, temos todos e nos aprouue /. de
fazermos doação a esteuão uelho de hũa piquena dazinhaga [*sic*], de hũa braca / e*m*
Largo junto de santa marya da graça / que co*m* ho noso cuRal esta e esta doação
lhe fazemos p*er*a ele e filhos e netos / e p*er*a qua*n*tos dele deçendere*m* / p*er* muitos
benefiços que Reçebera esta Casa do dito esteuão uelho syngularmente Ao dito
cuRal [fl. 23v] […]ias[146] custas / ceRado ho dito cuRal todo e*m* deRedor as quais
custas lhe somos obrigados a pagar e p*er* mor firmeza desto ser uerdade, asynamos
todos esta doação /. e por mais firmeza /. e segurança / Asynou Aqui Rodrigo
Amado / procurador do dito Conuento p*er* Autorydade do noso Reuerendo padre
menistro a dozaseis de dezenbro de mil quatrocentos / e cynq*u*oenta, e tres A q*ual*
carta Asy mostrada o dito frey gonçalo mostrou outra carta escryta e*m* papel so
asynada por frey luis de beja menistro e aselada nas costas / e que era conteudo Antre
as outras cousas que ho dito menistro lhe daua Lugar, que ele podesse confirmar,
a dita azynhaga na q*ual* dita carta conteuda, Ao dito istevão velho / como se ele

---

145   Ms.: folio rasgado.
146   Ms.: folio rasgado.

fose presente, e os casos de fernão preto como ho senhor conde, detremynase /. as quais cartas forão mostradas Ao senhor conde de mira, e uystas por ele deu em elo determynação /. que ho dito esteuão uelho /. fizese foro ao dito Mosteiro / por A dita azinhaga cynquo reis branquos /. e hũa / duzia douos e cada hum Ano /. e o dito frey gonçalo /. pelo poder que a ele era dado /. pelo dito ministro confirmou ho dito esteuão uelho A carta, sob dita e guardada e feitura deste estromento dele /. e de todos os seus erdeiros /. que depos ele vierem /. pagem de foro Ao dito mosteiro /. cynquo reis brancos e hũa duzia douos /. em cada hum Ano /. por dia de natal e que a prymeira paga fose este prymeiro natal que vem /. e de hy em diante em cada hum Ano sob pena de lho pagarem em dobro /. e o dito estevão /. velho /. a isto presente, tomou A dita azinhaga de fora / pelos ditos cynquo reis e hũa duzia douos em cada hum Ano / e quantos dele decenderem /. con todas as condições e clausulas e penas sobreditas /. e so louuauão e outorgauam e pedião delo /. seus istormentos / testemunhas que presentes istauão /. Rodrygo Amado /. e goncalo dias pyquanço escudeiros /. e Rodrigo anes pedreiro /. e outros /. e eu martim afonso sob dito tabalião que este estromento [fl. 24] Pera ho dito Mosteiro escreuj – e Aquy meu […][147] [si]nal fiz que tal he o qual estromento e [jo]ão[148] baleeiro tabalião del Rey noso senhor / em esta sua çidade, de ceyta per Mandado de pero de queiros /. Caualeiro e ouuydor da dita cidade treladey Aquy a Requerymento de frej João de fez guardião do dito mosteiro desta çidade de çeita he pus Aquy meu synal pubryco que tal he e eu manoel dias tabalião pubryco desta dita cidade de cepeta pelo marques meu senhor /. que este trelado tirej por mandado de sabastião afonso caualeiro da casa do senhor marques e juiz da dita çidade por sua senhorja /. do propio tonbo do dito mosteiro de[149] y [150] santiago por estar toda uelha e Rota, como em premcipio dito he e aquy meu pubrjco synal que tal he /.

---

147   Ms.: folio rasgado.
148   Ms.: folio rasgado.
149   Ms.: corregido de "da".
150   Ms.: rasura sobre "dita çida".

12. *Sumario de la carta de donación de las casas de Beatriz Anes, viuda de Gomes do Porto, de 19 de mayo de 1497.* **Ceuta, s.d. [XVI (1497)]– Res., COL-Ceuta/Lv.01, fl. 24**

[fl. 24]

outra escretura

Saibão quãotos esta carta de doacão virem q*ue* no ano do nacimemto de noso s*en*hor J*es*u (Jhu) *Christ*o (xpo) de mjll e quatroce*n*tos e nouenta e sete anos a dosanoue dias do mes de maio e*m* a cidade de seita nas casas de morada de breatis eanes molher q*ue* foi de gomes do porto q*ue* de*us* aja e*m* presemsa de my*m* e testemunhas ao diante nomeadas

no cabo desta carta desia

testemunhas q*ue* forão prese*n*tes foão[151] e foão[152] e eu João baleeiro escudeiro do s*en*hor marquez tabalião pruujco del Rei noso s*en*hor q*ue* esta carta de doacão escreuj e aquj meu pruujco sinall fiz q*ue* tal he /

---

151 Ms.: se debe leer "fulano", ya que la persona que copió no habrá comprendido el nombre o no le interesaría fijarlo para el caso.

152 Ms.: se debe leer "fulano", ya que la persona que copió no habrá comprendido el nombre o no le interesaría fijarlo para el caso.

13. *Sumario de seis documentos del tomo "más antiguo", con fechas de 1456 a 1503.* Ceuta, s.d. [XVI (1456-1503)] – Res., COL-Ceuta/Lv.01, fl. 24v

[fl. 24v]

[outro][153] tombo mais antiguo [...]a[154] mujtas escreturas

[...][155] dioguo afomco carpi*n*teiro fez ao mosteiro de são fra*n*cis*c*o de hũ[a escritu]ra[156] q*ue* foi feita no ano do nacime*n*to do noso s*en*h*o*r jesu cristo de mjl e qua-troce*n*tos e noue*n*ta e tres anos / e foi feita por joão baleeiro pruujco tabalião por noso s*en*h*o*r el Rei e*m* a sua sidade de seita per autoridade e mãodado do s*en*h*o*r do*m* antonjo capitão e gove*r*nador dela

no mesmo tombo outra escretura feita no ano de mjl e qujnhe*n*tos anos a uj*n*te dias do mes de marco du*m* aforame*n*to q*ue* fiserão a gaspar greguo o quall disia [157] no cabo o segi*n*te - eu joão beleeiro escudeiro do s*en*h*o*r marquez de ujla Reall q*ue* deus [158] te*m* e tabalião del Rei noso s*en*h*o*r e*m* esta sua sidade de seita que este estrome*n*to daforame*n*to escreuj /

item outra escretura no mesmo tombo du*m* aforame*n*to q*ue* os frades fisera*m* a gomcalo coelho e a breatiz dias sua molher / e no cabo desia / eu joão baleeiro escudeiro do s*en*h*o*r marquez e tabalião e*m* esta cidade de seita per autoridade e mãodado de dito s*en*h*o*r marquez q*ue* este estrome*n*to escre[ui] e foi feito a dez dias do mes de noue*m*bro de mjll e qujnhe*n*tos e tres anos

item outro e*m*presame*n*to feito no ano de mjll [159] e quatroce*n*tos e sinquoenta e seis anos / q*ue* e*m*prasauão a esteuão velho / e feito por marti*m* a*fon*so q*ue* desia / tabalião por noso s*en*h*o*r el Rei

item no m*e*smo tombo outra escretura feita no ano de mjll e [160] quatroce*n*tos e oytemta e sete anos / e no cabo desta / e eu lujs go*n*çalvez escudeiro do s*en*h*o*r comde de ujla reall e tabalião del Rei noso s*en*h*o*r per autoridade e mãodado do dito s*en*h*o*r comde

item outro aforame*n*to no mesmo tonbo feito no anno de mjll e quatroce*n*tos e nouemta e noue anos // feito o aforame*n*to a lopo damdrade e mais desia // e eu

---

153   Ms.: folio rasgado.
154   Ms.: folio rasgado.
155   Ms.: folio rasgado.
156   Ms.: folio rasgado.
157   Ms.: rasura sobre "ser feita".
158   Ms.: rasura sobre "aja".
159   Ms.: rasura sobre "e qujnhe*n*tos e".
160   Ms.: rasura sobre "qujnhe*n*tos".

joão baleeiro escudeiro do *senh*or marquez de ujla Reall e tabalião del Rei noso *senh*or e*m* esta sea [*sic*][161] sidade de seita q*ue* esta carta daforame*n*to escreuj

do ano de mjll e qujnhe*n*tos / pera qua ha mujtas escreturas q*ue* se chamão os tabaliaes polo *senh*or marques de ujla Reall / estão no mesmo tombo

_____

161 Ms.: se debe leer "sua".

14. *Listado de mercancías que van al Norte de África, con indicación de su valor.* Ceuta, s.d. [XVI] – Res., COL-Ceuta/Lv.01, fl. 25v

[fl. 25v]

[Memor]ia[162] do que valião as mercadorias

[em][163] berberia no tempo que estive em cepta

[item] [Se]ra[164] custaua ho quimtal vimte e duas homcas que [era]m[165] dez moxares [*sic*] he hum quarto //

[item][166] cabrunas semdo boas custara ho semto dezasete moxares em semdo aRezoadas a quatorze moxares //

[item][167] tamaras custaua ho quimtal mourisquo dous moxares he meio //

item couros mogedins custaua a tareia dous moxares he meio

item couros fileles custaua ha tarea dous moxares //

item couros cortidos de solas custaua cada dous meios couros hum moxar he dous Reales //

item Amemdoas custaua cada quimtal dous moxares //

item Seda curada valia a livra vimte e cimquo Reales //

item Laã val ho quimtal cimquo moxares he meio //

item Anil val ho quimtal a quimze moxares //

---

item duas omcas he meia val homze Reales //

item hoitemta dinheiros he hũa homca

item hum tomim val dez dinheiros //

item houto tomins hũa homca

---

162   Ms.: folio rasgado.
163   Ms.: folio rasgado.
164   Ms.: folio rasgado.
165   Ms.: folio rasgado.
166   Ms.: folio rasgado.
167   Ms.: folio rasgado.

15. *Listado de las personas de Ceuta caídas en cautiverio o muertas durante* *las capitanías del conde de Alcoutim, de D. João, de Gomes da Silva, de D.* *Nuno Álvares Pereira, de D. Afonso, de Fernando Carvalhal, de D. Pedro de* *Meneses, de Martim Correia, de Jorge Vieira, de D. Fernando de Meneses y* *de D. Manuel marqués de Vila Real.* Ceuta, s.d. [XVI (1512-1578)] – Res., COL-Ceuta/Lv.01, fl. 26-27v

[fl. 26]

+

ho que aconteseo em seita de se[...][168] pera qua[169]

[170]*item* em tenpo de don fernando de meneses o dia que bent[...][171] lhe matarão e catiuarão [172] ho mais setenta [cati]vos[173] e os mais mortos

item ho dia do canaueal [174] perdeo antre mortos e catiuos [e][175] caualeiros e esteue a cidade perdida

item perdeo mais o dito dom fernando hũa fragada [*sic*] com treze homeens que lhe tomarão os turquos que hia entrar

item tomarão mais a dom fernãodo os turcos dous barcos que hyão daquy pera gibeltar [*sic*] com muyta gente

item perdeu mais quinze escutas e seis descobrydores

item tomarão mais os turcos em tenpo de dom fernando dous naujos de biscouto/. que vinha del porto de santa marja pera esta çidade

item tomarão lhe mais os turcos dous naujos de trigo que vinhão pera esta cidade, e tornarão lhes a uender/.

item em tempo de dom fernando/ jndo daquy hum bargantym esquipado pera tan-gere em que hia ysidro dalmeida/.

matarão lhe o mestre das obras o sargento joão dandrade e outros ujnte homeins/

---

168   Ms.: folio rasgado.
169   N.E.: este texto corresponde a la caligrafía A.
170   N.E.: a partir de aquí corresponde a la caligrafía E.
171   Ms.: folio rasgado.
172   Ms.: rasura sobre "outenta".
173   Ms.: folio rasgado.
174   Ms.: rasura sobre "lhe".
175   Ms.: folio rasgado.

Jorge Vieira

item em tempo de jorge vieira, Jndo bastião dandrade por mar entrar perdeo La doze ho mais dos pryncipais desta cidade

[fl. 26v] [... marti]m[176] coReja lhe tomarão Junto dalmjna [...caraue]la[177] armada, de portugeses com artelharja [...vinha][178] caRegada de trigo per aquy.

item em tempo de don pedro de meneses perdeo se ele com toda gente a qual era cento outenta de caualo/. e dozentos soldados e de todos estes poderjão escapar corenta pesoas

item antes desta perdição perdeo corenta de caualo en quentrou adail almocadém e os mais prynçipais de ceyta

item em tenpo de fernãodo carualhar que esteue poucos dias perdeo as tranqueiras synquo de caualo / e depois perdeo hum mourisquo que chamauão gaujão com seis pesoas

item em tenpo de dom afonso que os mouros andauão com a sela na baRiga / pelo Reino de maRocos e de fez andar em geRa/. e o alcaide açem o mais do tempo não estar em tetuão perdeo mais de çynquoenta escutas e mais de uynta cinquo descobrydores que ajnda estão catiuos jndo daquy hum bargantim a entrar, aj vasco lemos lhe matarão antonio [179] machado viçente caRegueiro beltezar da mota todos de caualo

[fl. 27] *item* em tenpo de dom nunaluarez perdeo em goadejazão [ ][180] soldados e algus homeis da teRa

item perdeo mais por mar hum naujo com vynta cynquo homeins a[...][181] mais prynçipais da teRa / que os mouros catiuarão e mal[ ][182] outros

item depois do Rio de tetuão lhe matarão manuel de loronha[183] e ou[...][184] quynze homeis e lhe feryrão muitos

---

176   Ms.: folio rasgado.
177   Ms.: folio rasgado.
178   Ms.: folio rasgado.
179   Ms.: rasura sobre "caRegeiro".
180   Ms.: folio rasgado.
181   Ms.: folio rasgado.
182   Ms.: folio rasgado.
183   Ms.: se debe leer "noronha".
184   Ms.: folio rasgado.

item ho dia do alcaide lhe matarão antonio aRais Jorge garcia fernão Freire e outros quatro ou cinquo de caualo E principais

item em tenpo de gomez da sylua, se perderão dous bargantins desta Cidade – *scilicet* / hum todo que o leuarão os mouros com cynquoenta homeins /. e no outro matarão mais de uynta e cynquo homeins e ajnda ha homeins em ceuta que se acharão[185] nyso /.

[186]*item* em tempo de dom João matarão no a ele e [*sic*]

item em tempo do conde dalcoutim mãodou corenta e hum de caualo fora em [187] em negrar [*sic*] se perderão se [*sic*] que lhe matarão dozasete e catiuarão outras desasete e escaparão sete.

[fl. 27v] [...te que ho ma]rquez[188] dom [189] manoel perdeo

em seita no tempo que esteue nela

[*item*] [...][190] foi a seita naquela Romaria qujz dar guarida em bulhoes [per]deu[191] quatro omeens tres mortos e hum catiuo

[*item*] [por][192] outra ves mãodãodo cosme nabo com hũa fragada [*sic*] ao Rio de tetuão dejxou la treze omes e se veio

[*item*][193] por outra ves mãodãodo dous laudes a guadamentim [*sic*] buscar mjxilois lhes tomarão com sete omens

[*item*][194] por outras ves [*sic*] mãodãodo hũa barca com sete omees ao castelejo tomar vista das escutas lha tomarão

item mãodãodo cosme nabo adail corer hum pareo [*sic*] as atalais [*sic*] dallgesira sem ser descuberta lhe matarão quatro atalais [*sic*] na ponte

item o dia que queria foger borescame [*sic*] lhe matarão hum cavaleiro e ferrão outro e matarão dous cavalos

---

185 Ms.: palabra corroída por la tinta.
186 N.E.: a partir de aquí la caligrafía se altera para la A.
187 Ms.: rasura sobre "almenhara".
188 Ms.: folio rasgado.
189 Ms.: rasura sobre "mjgel".
190 Ms.: folio rasgado.
191 Ms.: folio rasgado.
192 Ms.: folio rasgado.
193 Ms.: folio rasgado.
194 Ms.: folio rasgado.

item coredo [*sic*] os mouros da boca da vereda estãodo ele no topo lhe matarão duas atalais [*sic*]

item mais mãodãodo sinquo bargãotis a bulhois toparão com hũa fusta de quatorze bãocos em que vinha cordovale e lhe matarão vinte e siquo [*sic*] omees e lhe ferrão cento e qujnze

item por ves lhe matarão e catiuarão no cãopo mais de trinta escutas e atalais [*sic*]

item mãodãodo dous bargãotis arzila com cento e dez omees souberão se tão mall amanhar que lhos tomarão todos e vinte sos [*sic*] escaparão

item hũa fragade [*sic*] que foi a bulhois esqujpada [*sic*] com dosasete omees toda lha tomarão

item perdeu mais sinquo barcos que pasauão a outra bãoda com mujta gemte

soma esta gente toda que perdeu cento e oitenta omees

16. *Listado sobre la venta de carne en la ciudad de Ceuta, durante la capitanía de D. Pedro de Meneses, Martim Correia, D. Fernando de Meneses y D. Pedro da Cunha*. Ceuta, s.d. [XVI (1550-1565)] – Res., COL-Ceuta/Lv.01, fl. 28

[fl. 28]

+

[195]*item em* tenpo de martin coReja lhe vierão de berbej[…][196] outoce*n*tas Reses as quais se*n*do vespora de p[…][197] as uendeo todas p*er*a castela a mercadores se*m* dei[xar][198] nada a çidade e os moradores lhe forão pedir/. que [ ][199] deixase a cidade se*m* carne /. e que polo tanto lhe dese […]zentas[200] Reses e lha derão e a matarão no acougue por conta deles a sua p*er*da e ao seu ganho /

item em tenpo de don p*ed*ro de meneses lhe vejo outra partida de carne, ou outras muitas e as ve*n*dia todas p*er*a castela se*m* deixar nada, a cidade, e os moradores lha comprauão por vezes parte dela polos precos dos mercadores e a cortarão no acougue se p*er*dião deitauão ho por cabeças

item em tenpo de do*m* fernando se vendia a carne p*er*a castela da mesma man*e*ira se*m* deixar nada a cidade

item em tempo de do*m* pedro da cunha se*m*pre deu carne a sidade a fartar ha mais cara a outo r*e*is o aRatell e dahy pera barco e nu*n*ca deixou jr carne pera castela se*m* deixar a sidade farta e *em* seu te*m*po nu*n*ca faleceo e quãodo ele foi a sidade de seita valia ho aRatell da carne a vy*n*tene[201]

---

195   N.E.: este texto corresponde a la caligrafía E.
196   Ms.: folio rasgado.
197   Ms.: folio rasgado.
198   Ms.: folio rasgado.
199   Ms.: folio rasgado.
200   Ms.: folio rasgado.
201   N.E.: este texto corresponde a la caligrafía A.

17. Copia del regimiento de 27 de febrero de 1505 que establecía lo que se había de pagar al alcalde del mar de las mercancías que entraban y salían de Ceuta por mar. S.l. [Ceuta], s.d. [1567-1578] – Res., COL-Ceuta/Lv.01, fl. 29-29v

[fl. 29]

+

*titul*o dalcaidaria do mar acerqua de seus direitos da man*ei*ra q*ue* deue *con*ter // [202]

marquez fes[203]

item qualquer caualo hou asno ou boy ou vaca hou qua[bra] ou outra alymarya q*ue* pasar p*er*a castela tera ho dito alcaide do mar trinta e dous r*eis* /

jtem q*ua*lquer gado myudo que Asy pasar p*er*a castela pague p*er*a ho dito alcaide çynquo r*eis* /

jtem q*ua*lquer escrauo ou escraua /. que pasar p*er*a portugal ou p*er*a castela, e for vendido pague ao dito alcaide do mar çem r*eis* /

jtem todo Aquele ou aq*ue*la que pasar trigo s*em* lycemça do alcaide do mar ou çeuada ou fauas seja tudo p*er*dido p*er*a ho alcaide do mar

item todo mercador que mercadorya truuer a esta cidade, o dito alcaide leuara hũa joya co*n*tanto que na*m* seja dauer do peso /.

[fl. 29v]

[*jtem*] [qualqu]er[204] mestre ou senhoryo de naujo [que][205] a esta cidade vier com carga [o]u[206] s*e*m ela e tomar lastro a lo*n*go do muro paguc p*er*a o [di]to[207] alcaide trezentos r*eis* /

jtem outrosy todo m*est*re s*en*horyo de naujo que desta çidade leuar qualquer pesoa s*em* lycemça de capitão page p*er* cada pesoa çynq*u*oenta r*eis* / a metade p*er*a o dito alcaide e a outra p*er*a as obras da çidade

jtem q*ua*lquer mercadorja que mercador trouxer a esta cidade que se ouuer dacaRetar por dinheeiro / que ny*n*ge*m* o posa acaRetar se não ho alcaide tendo ele

202 Ms.: rasura sobre "de Seita tudo pelo s".

203 N.E.: deberá tratarse del marqués de Vila Real, D. Manuel, que fue capitán de Ceuta entre 1567-1574 y 1577-1578.

204 Ms.: folio rasgado.

205 Ms.: folio rasgado.

206 Ms.: folio rasgado.

207 Ms.: corrosión por tinta ferrogálica.

que*m* a acaRete, e se não tiuer que*m* ho posa acaRetar a que*m* quyser p*e*los preços acustumados

j*te*m* qu*a*lquer pesoa, que fugir de dia ou de noyte e pasar p*e*las couracas p*e*rca o que levar vestido p*e*ra o alcaide

[fl. 30] O q*ua*l Regim*e*nto F[es][208] joão balyeiro escryv[ão][209] hoficyal do liuro da camara [*sic*] p*e*r mãodado de bastião Rib*e*iro / Juiz a vinta sete dias do mes de feuer*e*iro do Ano do nacym*e*nto de noso s*e*nh*o*r J*e*s*u* (Jhu) *Crist*o (xpo) de mjl quinhentos e cjnquo anos asjnado p*e*r ele juiz

---

208 Ms.: corrosión por tinta ferrogálica.
209 Ms.: corrosión por tinta ferrogálica.

18. *Copia del traslado del regimiento de la mazmorra de Arcila (ya que en Ceuta y Tánger no hay), hecho a 26 de octubre de 1510, siendo capitán D. Vasco Coutinho, y confirmado por el capitán siguiente, su hijo D. João Coutinho*[210]*. S.l. [Ceuta], s.d. [después de 1539 (1510)] – Res., COLCeuta/Lv.01, fl. 30v-31*

[211][fl. 30v] telado [*sic*][212] do Regymento da masmoRa darzila
por quanto em ceita nem e tangere [*sic*] nam sachou

[…][213] esta ordenação e Regiment da masmoRa ujrem ho conde don vasquo coutinho capitão e gouernador em esta çidade darzila por el Rey noso senhor/. faço saber em como perante mym pareceo joão afonso masmoReiro / morador em esta vila, e me dise que quando esta, nela se perdeo lhe leuarão [*sic*] hos mouros ho Regymento e ordenação que por Myn lhe fora dado açerqua do que auya de leuar dos mouros que na masmoRa dormysem / e eu vendo ser justiça e as partes saberem ho que Auyão de pagar, lhe mandey dar este Regimento / que se ao diante segue /. jtem /. le

item leuara, de qualquer, mouro / que for dormir, A masmoRa, se se Resgatar hũa dobra, de trezentos e sesenta reis e se ho mouro trouuer Resgate ho masmoReiro avera ahy sua dobra/. E asy leuara ho masmoReiro de qualquer alma de caualgada, que for dormir A masmoRa, vynte reis /. qualquer que leuar, mouro ffora da uila, pera portugal ou pera castela posto que seja pera seu seruiço pagara, a dobra Ao masmoReiro/. qualquer homem que tiuer mouro / e for dormir A masmoRa he se vender, hũa so noite, que va dormir a masmoRa, aquele que ho uender, pagara a dobra, / e se ho vendedor tiuer duas almas e vender hũa o masmoReiro podera ter mão na outra ate ser pago da sua dobra / qualquer mouro que for dormjr A masmoRa, e o seu donno o leuar pera casa, e lhe fogir ou moRer pagara a dobra Ao masmoReiro / qualquer, Rcfem que moRer, ou tornar em crystão ou uendcrem pagarão A dobra qualquer mouro que for preso por diuida del Rey ou de qualquer julgador pagara alqueire he mejo de trjgo / ou quatro galynhas poedeyras – qual quezer ho masmoReiro

//

---

210   N.E.: D. João Coutinho fue capitán de Arzila entre 1514-1524 e 1529-1539.
211   N.E.: este texto se escribe con la caligrafía F.
212   Ms.: se debe leer "traslado".
213   Ms.: folio rasgado.

[fl. 31] qualquer mouro que ha entregue Ao masmoReiro e [...][214] ho masmoReiro pagara ho mouro A seu dono aqui[...][215] e le custou, e se a alma for dada de merçe ou dote [ ][216] tal sera avalyada e o masmoReiro pagara A seu d[ono][217] ho preço pelo que Asy for aualyada.

a qual ordenação se Regy por mym Asy feyto mando que se cunpra h[e][218] guarde asy como nele se contem/. feito Aos uynta seis dias do mes doutubro aluaro pjrez tabaliam/. o fez ano de mjl quynhentos e dez anos/. o qual Regimento esta Asynado por ho senhor conde e abaixo disto esta hũa confirmação do senhor conde dom João coutinho capitão e gouernador desta ujla por el Rej noso senhor que tal he como se Ao diante segue / E ey por bem que este Regymento do senhor conde meu pay que deus aja mando que se lhe guarde como nele se contém/

---

214 Ms.: folio rasgado.
215 Ms.: folio rasgado.
216 Ms.: folio rasgado.
217 Ms.: folio rasgado.
218 Ms.: folio rasgado.

19. *Listado de las cosas que se gastaban cuando D. Pedro [da Cunha] llegó a la ciudad de Ceuta.* S.l. [Ceuta], s.d. [1550-1553] – Res., COL-Ceuta/Lv.01, fl. 32-32v

[219][fl. 32] cousas que se gastam [...][220] qoãodo dom pedro chegou a ela [...][221]

item eu quãodo cheguei a esta tera de seita achei que [...]uavão[222] por cada carvo [*sic*] que ujnha de berberia ujnte cruzad[os] [...][223] lheu tirei e não se levarão mais

item leuão mais de toda a carega que ujnha de berberia hum cruzado /

item leuauão mais por cada cabeca de gado que entraua nesta cidade a hi[...][224] se ouvese de matar na carnesaria dous tostois o quall eu tirei [...][225] quãodo se leuaua pera fora me fazião hum presente

item todo ho pexe que matauão os armadores nestas baras não podia uj[ ]gem[226] caregar pera fora sem mãodado do capitão / e le daua as licemcas pera iso as quais licemcas se uendião a quem daua mais / e de todolos serquos tomava a capitoa [*sic*] duas tres barcas de pexe e mãodauas vemder a castela pera si / e valia aquj a barca a quynze cruzados pouquo mais ou menos

item todos os mercadores asi de castela como de berberia que aquj ujnhão mãodauão os capitais meter as suas mercadorias nos seus almazeis e ali as tomauão polo que querião e trazião espias sobre quem as trazia / e quãodo querião pagar alguas mercadorias a judeus de berberia polos presos que eles querião hião se a casa dum mercador da tera e tomauão lhe toda a mercadoria que tinha polo preso que querião / e se se quexaua o mercador mãodauão lhe que se fose fora da tera

item a fazemda que ujnha de berberia ahimda que fose de partes e de Resgates de seus [227] mouros as metião em seus almazeis e mujtas vezes as não vião mais / e por tempo pagauão lhe algua cousa

---

219   N.E.: este texto se escribe con la caligrafía A.
220   Ms.: folio rasgado.
221   Ms.: folio rasgado.
222   Ms.: folio rasgado.
223   Ms.: folio rasgado.
224   Ms.: folio rasgado.
225   Ms.: folio rasgado.
226   Ms.: folio rasgado.
227   Ms.: rasura sobre "donos".

item leuauão mais por cada não de framca que aquy ujnha descaregar cem mjll *braça*s e mais mujtos fardos de pano de linho polo custo de framca isto leuauão todos de do*m* afomco pera qua

[fl. 32v] [*item* …][228] esteue seis meses por capitão nesta cidade *com*prou duas nãaos datuns [ ][229] tomarão sobre cales e lhas trouxerão aquy de*n*tro ao porto e delas […][230]

[*item* …fern]ãodo[231] de meneses capitão desta cidade comprou aquj aos turquos dua [*sic*] ves[…][232] [n]auyos que tomarão e*m* larache com sera e cabrunas

[*item* …][233] ves comprou aquj e*m* seita hũa não datuu*n*s que os turquos aquj trouxerão

[*item* …][234] [com]prou mais em beles hũa não dalu*m*bres que mãodou vemder a malega

[*item* …][235] se acha por dito domees [*sic*] que comprou aquj e*m* seita quj*n*ze moios ou mais e ou […]vigo[236]

item Jorge ujeira semdo capitão *com*prou e*m* beles hũa não daRos e os turcos lha trouxerão a seita debaixo dartelharia

item marti*m* corea comprou dous lomtros [*sic*] caregados datuu*n*s que lhe os turquos trouxerão a seita debaixo dartelharia

item *com*prou mais martim corea hũa nãao dalumbres que tambem os turquos lhe trouxerão a seita

---

228 Ms.: folio rasgado.
229 Ms.: folio rasgado.
230 Ms.: folio rasgado.
231 Ms.: folio rasgado.
232 Ms.: folio rasgado.
233 Ms.: folio rasgado.
234 Ms.: folio rasgado.
235 Ms.: folio rasgado.
236 Ms.: folio rasgado.

20. *Juicio* ("acórdão"), *y sentencia sobre la detención indebida de una cáfila del alcalde Cide Amu, por el capitán D. Fernando [de Meneses].* S.l. [Ceuta], s.d. [1557-1562] – Res., COL-Ceuta/Lv.01, fl. 33

[fl. 33]

+

Acordam hos do desemburguo del Rey Noso se*n*hor uis[ta][237] a peticão de cide amu alcaide artiguos de e*m*barguos q*ue* forão Recebidos ao R*eu* dom fernãodo aluaras de seguros papeis oferecidos e proua dada por q*ue* se mostra o dito R*eu* contra forma do aluara de seguro q*ue* tinha dado ao A*l*caide toMar ha cafila da co*n*temda q*ue* ho A*l*caide mãodou a cidade de ceyta no ano de sase*n*ta e hum debaixo do dito seguro do R*eu* q*ue* hera capitão da dita cidade ho q*ue* não podia fazer visto como não se mostra a gemte q*ue* vinha na cafila fazer nem cometer couza por q*ue* podese ser tomada e*m* a corida do alcaide A*l*caide [*sic*] co*m* que se ho R*eu* defemde não basta vista ha forma e desposisão do dito e*m* tal caso o que todo visto com mais q*ue* dos outros se mostra pernumcião e declarão ha dita cafila não ser tomada bem pelo R*eu* e o condenão q*ue* Restetua ao A*l*caide todas as pesoas q*ue* na dita cafila vinhão e forão tomadas pera se liureme*n*te podere*m* yr a sua tera comforme ao seguro tirãodo os q*ue* demostrare*m* sere*m* *crist*ãos (xpãos) depois de tomada por q*ue* estes não são hobriguados tornar e eles poderão vsar de suas liberdades e ficar a seu direyto Resguardado as pesoas a quem forão vemdidos co*n*tra ho R*eu* ou quem lhos vemdeo e asy não sera hobryguado ho R*eu* a couza algũa polos q*ue* foram mortos e Restetuira mais ao A*l*caide todas as bestas e mercadoryas que na dita cafila uinhão e forão tomadas hou sua justa valia q*ue* se liquedara na e*n*xecucão [*sic*] des[238] [*sic*] se*n*temca de que se desco*n*tarya a valya e preco por q*ue* forão Resguatados das duas atalaias q*ue* ho A*l*caide tomou quamdo corerão no dia q*ue* ha cafila veo //

comdeno ho Reo nas custas //

---

237   Ms.: folio rasgado.
238   Ms.: se debe leer "dessa".

21. *Dibujo con una descripción de las distancias entre la puerta de la Almina, dos oteros, un cuadrado y la ermita de San Simón*. S.l. [Ceuta], s.d. [después de 1567] – Res., COL-Ceuta/Lv.01, fl. 34

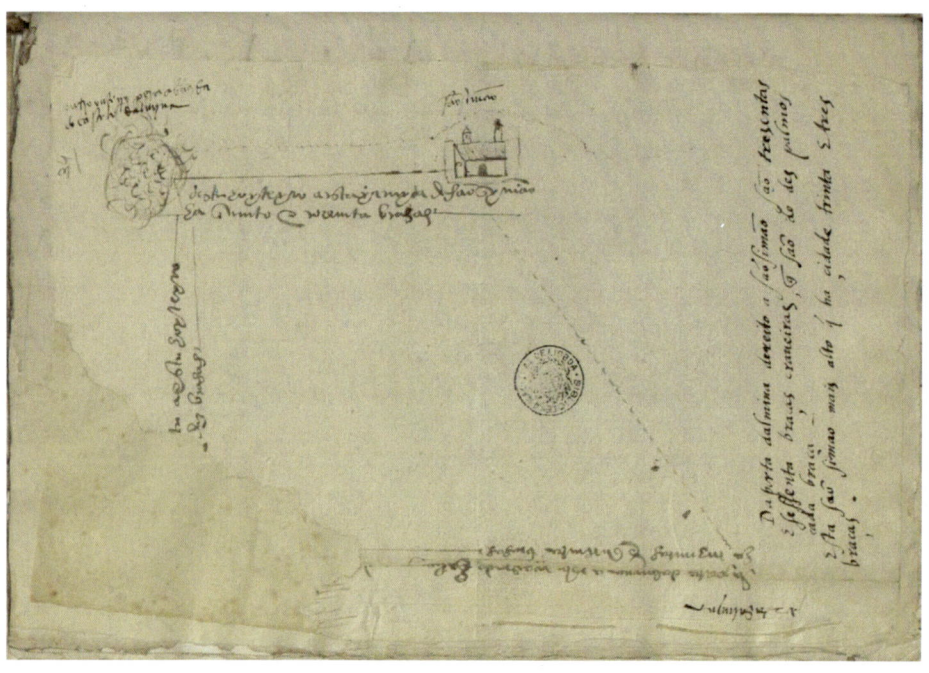

[fl. 34]

[239]Da porta d'almina dereito a São Simão São trezentas e sessenta braças craueiras, q*ue* São de des palmos cada braça.

Esta São Simão mais alto q*ue* ha çidade trinta e tres braças.

[240]porta d'almjna

[241]da porta d'almyna a este coadrado hao lomguo do [...][242] ha trezemtas e setemta brasas.

---

239 Ms.: escrito al largo de la hoja, abajo con la caligarfía K.

240 Ms.: escrito al largo de la hoja, a la izquierda, con la caligrafía A.

241 N.E.: escrito con la caligrafía J.

242 Ms.: folio rasgado.

[243][…][244] te a este hoyteyro [fólio rasgado] dez brasas

[245]outro outejro pera a bãoda do castelo d'almjna

[desenho de bola a representar outeiro] - [desenho de São Simão]

[246]deste hoyteyro a esta yrmyda de São Symão ha cemto e coremta brasas.

---

243   Ms.: escrito al largo de la hoja, arriba, con la caligrafía J.
244   Ms.: folio rasgado.
245   Ms.: escrito al largo de la hoja, a la derecha, con la caligrafía Λ.
246   N.E.: escrito con la caligrafía J.

22. *Respuesta del capitán de Ceuta a la solicitud de información de la* "Mesa da Consciência" *sobre los musulmanes que habían ido para Mazagán con sus mujeres e hijos, ya que los querían hacer cautivos.* S.l. [Ceuta], s.d. [XVI] – Res., COL-Ceuta/Lv.01, fl. 35-35v

[fl. 35] A duuida que da mesa da comsiensia me mandara a pregumtar sobre os mouros que vierão a mazeguão com suas molheres he filhos // que disião que os achauão sozinhos queixosos e os querião tomar por catiuos

jtem antiguamente em tempo de mole abraem se custuma[ua hum]²⁴⁷ ou dous cavaleiros dos luguares dafriqua que ou por o[...]²⁴⁸ hou por agrauos a caualo he sem ele se hião pera molei [ ]²⁴⁹ e ele os Resebia he pregumtaua se querião Ser mouros [ ]²⁵⁰ eles dezião que não mas que Se hião ao seruir he ualerse del[e]²⁵¹ por tal Rezão e portas ./. ele os Resebia e recolhia he mãodaua dar ordenados como os seus ./. e se queria corer algum luguar dos cristãos dezia ao cristão Se queria ir com ele se dezia que não podia corer a cristãos deixauao em sua casa te tornar he não os levaua comsiguo ./. e quamdo os cristãos tinhão seguro pera se tornarem aos lugares da africa dezião no ha molei abraem e ele lhe daua licemça he os mãodaua com minha merce he escreuia por eles aos capitães /.

ho mesmo custumauão os mais dos capitãis //.

ho que se aguora custuma antre hos mouros he cristãos he que quamdo hum cristão vai a tera de mouros sem seguro pregumtão lhe hos alcaides se quer ser mouro ./. se diz que si he se faz mouro fiqua foro ./. e se diz que não quer ser mouro e se vai sem seguro tomão no os alcaides por catiuo ./. e o mesmo Fazem os capitãis da afriqua aos mouros que vem sem seguro e se não querem tornar cristãos //.

quãoto aos mouros que vierão a mazeguão se vinhão sem seguro pelo que se aguora custuma em duuida estauão serem catiuos mas ja que ho não forão he forão Resebidos no seruico de sua Alteza e levarão Recão [sic] do seleiro e am-darão na guera não me parese que podem ser catiuos ./. e posto que lhe achasem alguns endicios não boons com que vinhão devem de proseder contra eles ate

---

247 Ms.: folio rasgado.
248 Ms.: folio rasgado.
249 Ms.: folio rasgado.
250 Ms.: folio rasgado.
251 Ms.: folio rasgado.

morte [fl. 35v] [… apa]reserem[252] com prouas que pareserem Ser bas[tantes …][253] he o meu pareser mas toma los por catiuos [… ra]zão[254] pera iso //.

[…amd]o[255] eu por capitão na cidade de cepeta me diserão [como][256] em belez hum mouro omRado matara outro mouro […][257] fugira pera a fortaleza dos castelhanos ho capitão […][258] tomou por catiuo por quamto não tinha seguro e não queria ser cristão ./. mãodamdo ho capitão este mouro ha maligua teue la quem falase por ele na chamselaria de granada foi ouvido com sua justiça ./. dezião que julgarão ho mouro por livre dizemdo que fara cazo por que meresia morte he que ele se acolhera debaixo do amparo de sua magestade he que lhe ualia ./.

mãodei a granada pera me trazerem ho trelado desta secão[259] pera serteza ./. não ma trouverão por que tambem naquele tempo me vim pera ho Reino nem disto soube mais //.

---

252   Ms.: folio rasgado.
253   Ms.: folio rasgado.
254   Ms.: folio rasgado.
255   Ms.: folio rasgado.
256   Ms.: folio rasgado.
257   Ms.: folio rasgado.
258   Ms.: folio rasgado.
259   Ms.: se debe leer "sessão".

23. *Respuesta al rey sobre la existencia o no de un alcalde del zoco en Ceuta, tal como había en Tánger, sobre sus derechos y sobre si el capitán estaba habilitado realizar ese nombramiento.* S.l. [Ceuta], s.d. [1567-1574; 1577-1578] – Res., COL-Ceuta/Lv.01, fl. 36-36v

[fl. 36]

+

o q*ue* se houvera descreuer a S*u*a *alteza* do q*ue* me mãodou pergu*n*tar sobre o alcaide do soco *scilicet* se houuera e*m* seita e q*ue* direito levavão e se o mar-quez[260] podia dar o oficio dalcaide de soquo e o q*ue* de to[do][261] me parecera

j*tem* que não he necesario alquaide do soco ne*m* e*m* seita se pag[a*m*][262] tais direitos como os q*ue* se diz que se pagão e*m* tamgare

o q*ue* me parece he o seguj*n*te

j*tem* que aja aduana por que quãodo mouros e judeus viere*m* a esta cidade de seita tenhão casa omde pousar e este*m* fechados

j*tem* os direitos que deue*m* pagar [263] ao dito aduaneiro, são q*ue* qualquer mouro com besta dormir hũa noite naduana, pague hu*m* vinte*m*, e dormindo duas pagara dous uintei*n*s, dahi por diamte, aymda q*ue* esteyão muytos dias, não pagarão mais nada, porque se acomtese nestes lugares sararse[264] hu*m* porto por dous mezes e seis não pode hu*m* mouro pagar tãoto.

j*tem* o mouro que vier com gado ou co*m* outra couza q*ue* não tenha besta pagara dez R*ei*s por hũa noite e se fore*m* duas pagara hu*m* uinte*m*, day por diamte nao pagara nada aymda q*ue* esteya muitas noites

j*tem* vimdo mouros ou yudeus mercadores dãodo lhe caza naduana p*er*a eles e p*er*a suas fazemdas lhe darão cada hu*m* trezemtos Reys cada mez

j*tem* e semdo cazo q*ue* lhe não posa dar cazas q*ue* lhe abaste*m* e semdo necesario os yudeus e mouros busca las de fora, e tenhão licemça do capitão p*er*a o poderem fazer e paga las / todavia pagara cada hu*m* aduana ce*m* reis cada mez, aymda q*ue* lhe não de nada aduana/

---

260   N.E.: deberá tratarse del marqués de Vila Real, D. Manuel, que fue capitán de Ceuta entre 1567-1574 y 1577-1578.
261   Ms.: folio rasgado.
262   Ms.: folio rasgado.
263   N.E.: la caligrafía cambia para la L.
264   Ms.: se debe leer "cerrar-se".

jt*em* e o aduaneyro não sera obrigado a dar aos mouros e yudeus se não somente a caza e o mais eles o busque*m* a sua custa /

//   //

[fl. 36v]

+

[jt*em* ...][265] o que os mouros e yudeus trouxerem p*era* vemder de mãotime*n*tos o uemderão e [...][266] da cidade, e emtrando demtro na praça co*m* os pezos da cidade como ate qui se fez [...][267] o quizerem uemder naduana faloão qual mais quizerem os mercadores e ca [...][268] capitois /

[jt*em* t]odos[269] os mais direytos q*ue* pede parece não ter Rezão e q*ue* sua gramde opreção da tera e asi o sera e*m* aver alcayde do soquo /.

jt*em* eses ordenados e precalcos[270] q*ue* diguo não nos deue ter por prouizão de uosa A*lteza* senão dos capitois desta cidade, porq*ue* fazemdo o q*ue* não deue*m* podem no Repremder, e sospemder do oficio / e quamdo ho te*m* por prouizão de uosa A*lteza* são mais atreuidos e pode*m* no menos castigar /

jt*em* quanto ao q*ue* uosa A*lteza* diz q*ue* lhe escreua se o marques podia dar o oficio de alcayde do soquo jso la o pode uosa A*lteza* mãodar ver [271] por suas doacois do marquez

---

265   Ms.: folio rasgado.
266   Ms.: folio rasgado.
267   Ms.: folio rasgado.
268   Ms.: folio rasgado.
269   Ms.: folio rasgado.
270   Ms.: se debe leer "precalços".
271   N.E.: a partir de aquí la caligrafía cambia para la A, que se utilizó al inicio de este documento.

107

24. *Descripción de la ruta de la Mina hasta el Caya, con la identificación de los puertos marítimos a lo largo de la costa, así como las aldeas que están en el interior, indicando las jerarquías de poder en el territorio. Hace alusión también a la competencia comercial de los franceses en la zona.* S.l. [Ceuta], s.d. [XVI] – Res., COL-Ceuta/Lv.01, fl. 38-39v

[fl. 38]

+

Rota da myna ate caia e asy [272] portos do mar que estão ao lomgo
da costa como das comarcas que a pelo sertam demtro

jtem primeiramente camynhamdo do porto da myna ao lomgo da costa o prymeyro porto hem que se pode dazembarcar e o cabo corco[273] Jurdicão de dom Joam Rey da futo e tem outo [sic][274] lugaRinho amtes que acheguem a futo que se chama sabu / de que ele tão bem e Rey

jtem Jmdo coRemdo a costa esta outro porto abaixo deste cabo corco[275] que se chama aquy lugar omde se pode dezembarcar e omde se dezembarquava o principall Resgate que dom Joam fazia, por que e aldea de xelmeiros de dom Joam negros que vão a pescar e pode aver dum porto a outro tres legoas boas e amtre estes dous portos estão outros dous pequenos que tem nome hem moure e sabu e estão tão perto hum dos houtros que lhe não ponho aquy espaço por que o nom a que a vista estão quaguy [sic] todos os quais juntamente tem hos portos por calhetas amtre penedra e aquy neles dezembarcavão hos frãosezes sem trabalho /.

jtem coremdo a costa abaxo obra de cimquo legoas esta coromãotim bom porto omde ca teue brygas e meu primo [sic] por tolher o Resgate a duas nãos no mes de junho aquele ano [fl. 38v] [...][276] chegey a myna o quall porto tem todo muyto[277] bom fumdo e e o lugar omde os frãosezes tinhão a sua prencipall escala pela amyzade e comercio que cada ano aos negros fycauão e querendo Jr pelo sertão demtro estãos os afamtis [sic] cuyos suditos estes desta aldea são a quall aldea prencipall esta leguoa e mea abaxo deste coromãotim pela costa abaxo que podem ser dez legoas a outro lugar que se chama dayo omde todos hos que partem da myna vão dormyr / e Repousar que he a jornada per encheo e estyRada lugar farto de mão-

---

272 Ms.: folio rasgado.
273 Ms.: se debe leer "corço".
274 Ms.: se debe leer "outro".
275 Ms.: se debe leer "corço".
276 Ms.: folio rasgado.
277 Ms.: folio rasgado.

timentos e aldea forte por estar mem alto na quall ca estiue por vezes e querendo
Jr pelo sertão demtro deste porto esta corom segumdo ay menformarão omde esta
ho Rey prencipall desta aldea por que todas quantas pela costa a tem ho senhoryo
polo sertão abaxo deste porto esta Jmdo corendo a costa esta outro que se chama
ho Jamba / omde estas duas náos sorgeyrão cagy pegado com tera por ser toda esta
costa alcãotylada as quays náos estiuerão dous dias por lhe tolhermos o Resguate
e não conto a maneira de como foy e ay teuemos a primeira brygua e por ser larga
a estorya de contar mas afirmo que estara hem porto do outro cimco ou seis legoas
e este porto do Jamba e bom por que tem hũa calheta ao comprydo ao lomguo de
hem pedra e fyqua a pedra da bamda de fora e nele fazião hos frãosezes sua aguada
por que tem hum Rio como ho de cama dagoa doce que vem cair aho mar e tem
por comarqua pelo sertão demtro o seu Rey hũa amdadura de negro que he pela
[fl. 39] ate noute que sera hũa boa jornada por [...]²⁷⁸ não amdão tão pouco que
não amdem xb leg[oas]²⁷⁹ por dia e mais abaxo deste o Jamba esta o[utro]²⁸⁰ porto
por nome berequ que podem ser dum lugar h[...]²⁸¹ outo [sic] duas legoas Jmdo
corendo a costa e no s[er]tão²⁸² esta ho seu Rey que he outro berecu grande que
podem ser cimco legoas e mais demtro esta outro lugar sobre este que he amgona
cuyos suditos estes todos são / e podera estar segumdo enformacão tomey duas
amdaduras de negro de jornadas o qual Rey e muito poderoso e Rico e Jmdo mais
ao lomgo da costa esta outro lugarynho com poucas casas que se chama berecu
pequenyno que podem ser destoutros tres legoas e tem por Rey e seu senhoryo pelo
sertão cara pequeño hũa aldea que deue ser pequena e logo perto deste porto mais
abaxo esta ho de pamom que e o prencipall de todos estes a que nos chamamos
cara ho grande homde sua Alteza detremynava fazer a fortaleza a qual guente he
toda de gera e ladões [sic] porto que algum tamto a tera he Roim pera estar por
ser seryo e de pedia e atequy este porto cheguey pera poder dar Razão da costa e
enformey me neste porto pera saber os que abaxo yão pera meu gosto e dyxerão
me que nom avia outro mais que hum que se chamaua arta e a outros mais abaxo
destas a que nom pude alcaocar²⁸³ saber polos negros lhe nom saberem ho nome
mas e costa homde esta muyto perto o Rio da volta e da houtra parte beny e todos
estes portos a [fl. 39v] [...em]²⁸⁴ que falo dezembarcão os frãosezes tão [sa]bidos²⁸⁵

---

278   Ms.: folio rasgado.
279   Ms.: folio rasgado.
280   Ms.: folio rasgado.
281   Ms.: folio rasgado.
282   Ms.: folio rasgado.
283   Ms.: se debe leer "alcançar".
284   Ms.: folio rasgado.
285   Ms.: folio rasgado.

e esprementados os fumdos q*ue* te*m* [...][286] os que são bos / como propio hos nosos e mylhor q*ue* nos e ao menos hos q*ue* ca vy são todos bos some*n*te dayo q*ue* he como ho da myna e nao faze*m* nele hos frãosezes Resgate p*e*los negros querere*m* mais nosa amyzade q*ue* sua deles /

---

286   Ms.: folio rasgado.

25. *Anotaciones sobre la presencia de los turcos en la costa norteafricana y su relación con Mulei Maluco en Fez, con base en los datos de una carta enviada al rey D. Sebastião de Lisboa y fechada de 06.05.1576, pero también sobre la respuesta que habría dado el rey sobre el tema. S.l. [Ceuta], s.d. [después de 1576] – Res., COL-Ceuta/Lv.01, fl. 41-42v*

[fl. 41]

trelado da carta que es[creui][287] quãodo por hũa carta sua [...][288] como
erão entrados oyto ou [noue][289] mjll turquos em fez e como p[u]serão[290]
Rei molei maluco tio d[...][291] xarife / e me mãodaua pidir conselho

/ hũa carta me derão de vossa alteza e nela me faz merce de [par]ticolarmemte[292]
me dizer o estado em que estão as cous[as][293] dafrica e de como molei maluco
esta pasifiquo R[ei][294] de fez e trouxe consiguo oito ou noue mjll turco[s][295] e por
que sei quão maãos visinhos são e o trabalho em que porão os lugares dafriqua o
semti mujto polo cujdado em que porão a vossa alteza a quem noso senhor dara
sempre mujtas vitorias

asi me mãoda que [296]lhe escreua o que me parece que se deuja de prouer / diguo
senhor que o tempo esta de maneira que em tudo que se pode cujdar ha mujtos
encomvinjentes ho que ao presemte parece / que vossa alteza deuja mãodar prouer
os seus lugares de mãotimemtos monjcois Repairar artelharia e na fortificacão dos
muros por omees que ho bem entemdão / por que as achegas pera iso amdir deste
Reino e aguarda necesaria pera ir seguro custa tudo mujto e não se deuja de fazer
despesa sem mujta consideracão por que vimos nos tempos pasados fazerem se
obras de mujtos gastos e não aproveitarom / tomemos enxempro[297] em malta que
pera a forteficarem forão os engeneiros del Rei filipe e os del Rei de franca e os
do papa afora caualeiros que bem o então [...][298] em mãodar por agora gemte de

---

287   Ms.: folio rasgado.
288   Ms.: folio rasgado.
289   Ms.: folio rasgado.
290   Ms.: folio rasgado.
291   Ms.: folio rasgado.
292   Ms.: folio rasgado.
293   Ms.: folio rasgado.
294   Ms.: folio rasgado.
295   Ms.: folio rasgado.
296   Ms.: rasura sobre "digua".
297   Ms.: se debe leer "exemplo".
298   Ms.: folio rasgado.

ge[ra][299] [...]atro[300] imtemto / por que parece que estar [...]lrão[301] consiguo este ano / e pera o que vem / se [...][302] nouas que vossa alteza tiuer asi o fara / e quãodo [ ]er[303] noujdade de supito viese que vamos todos [...][304] mujta breujdade

[...]o[305] a mãodar ter a sua armada prestes tem mujta [ra]zão[306] mas seja de maneira que não semdo nesesaria [n]ão[307] se fique fazemdo mujta despesa por que o tempo vai se aparelhãodo pera gera e ho necesario aver dinheiro que he ouer no [308] dela

os turquos parece que não durarão mujto em fez porque mulei maluco acha o Regno mujto proue[309] por os tisouros todos estarem em maroquos e oito ou noue mjll turquos gastão mujto porque am de ter grandes pagas e am lhe dacudir com elas / e ele não a de ser puderoso pera iso polo que me parece que adaver algũa diujcão[310] amtreles / e mouros maior mall querem aos turquos que aos cristãos e principallmente ser isto do mesmo molei maluco e se se vir pasifico Rei de fez / aos dacabar e amtes querera hamjsade com crjstãos que com eles

os portos do Reino de fez não são tam cobisosos pera os turquos por que tutuão he Rio em que aa de entrar navios não gramdes e ahimda anemesar [sic][311] tempos e mares e os tempos pasados ahí llevauão gasalhado que querião se ho avião mester

larache he Rio gramde em que cabera quãota armada quiserem mas he ja no mar oseano dez legoas fora de es[fl. 42]treito e ese tempo pasado quão [...][312] larache fazião lhe os mouros mu[...][313] hião la mujtas vezes / por que como ele[...][314] do

---

299   Ms.: folio rasgado.
300   Ms.: folio rasgado.
301   Ms.: folio rasgado.
302   Ms.: folio rasgado.
303   Ms.: folio rasgado.
304   Ms.: folio rasgado.
305   Ms.: folio rasgado.
306   Ms.: folio rasgado.
307   Ms.: folio rasgado.
308   Ms.: rasura sobre "da gera".
309   Ms.: se debe leer "pobre".
310   Ms.: se debe leer "divisão".
311   Ms.: se debe leer "amenizar".
312   Ms.: folio rasgado.
313   Ms.: folio rasgado.
314   Ms.: folio rasgado.

que Roubão e aquele porto não he[…][315] iso / que se o fora ali fiserão sua escala [ ]arão[316] /

parece que ouve alguu*m* descujdo por que […][317] deujão de vir na sua armada as lagunas […][318] fiserão outra ves e ali a deixarão / co*m* ge[…][319] de guarda necesaria aos Remeiros e a outr[a][320] milhor pera fez / e se vi*n*te gares[321] ali fora lha tomarão e queimarão toda se*m* nenhu*m* pirigo e pera se agora fazer he tarde

deuese de trabalhar sempre daver nouas asi por mazagão como por os outros lugares pera se saber o que pasa e ho seu jmtemto / e o te*m*po ira descobrimdo ho e*m* que se deue prouer / e co*m* este cujdado e le*m*brãoca que *vossa alteza* te*m* e co*m* ajuda de noso *senh*or espero que sempre tera mujtas vitorias e lhacrecemtara a vida e Reall estado por mujtos anos de lisboa a seis de maio de sete*n*ta e seis

[fl. 42v]

[…][322] le*m*bra*n*cas q*ue* hião na carta de s*ua alteza* […]gell[323] nu*n*ca ouve quatro mjll turcos ta*n*tos […]ua*n*do[324] se aju*n*tarão todos e os dos gelues e tripole / e co*m* aRenegados pera ire*m* sobre macall qujbjr [*sic*] não se aju*n*tarão mais que simquo mjll

sua alteza tão be*m* escreueo a outros omee*n*s [325]

i*tem* Respomdeo [326]jorge da silua que não aReceava os noue mjll turquos q*ue* avia e*m* fez se não os core*n*ta mjll turcos que avia e*m* portugal os quais todos lhe não alembraua mais que ho se*n*terese particolar / e não avia quem lhe ale*m*brase o be*m* comun /

i*tem* outro fidalguo Respomdeo q*ue* o que se avia de fazer prestes era dinheiro e gcmtc comtcmtc

---

315   Ms.: folio rasgado.
316   Ms.: folio rasgado.
317   Ms.: folio rasgado.
318   Ms.: folio rasgado.
319   Ms.: folio rasgado.
320   Ms.: folio rasgado.
321   Ms.: se debe leer "galés".
322   Ms.: folio rasgado lateralmente e cortado superiormente.
323   Ms.: folio rasgado.
324   Ms.: folio rasgado.
325   Ms.: rasura sobre "e jorge da silua mais larguo".
326   Ms.: rasura sobre "Jorge da silua".

26. *Listado de los pozos y cisternas que existen en la ciudad de Ceuta.* S.l. [Ceuta], s.d. [después de 1557] – Res., COL-Ceuta/Lv.01, fl. 43-45v

[fl. 43]

possos que a dentro na cidade de seita

item gaspar fez[…][327]

item manoell Ra[…][328]

item manoell vaz serado […][329]

item a d'alluaro perez hum p[oso …][330]

item qrara visemte hum p[oso …][331]

item maria guomez hum po[so …][332]

item jeronimo llopez hum poso – [1][333]

item a do armeiro hum poso e hũa systerna [– 2][334]

item fernão de quarião hũa systerna – 1

item Rodrigo brabo hum poso e hũa systerna – 2

item em quaza de pedro llopez hum poso e hũa systerna – 2

item em quaza de llourenco Rebello hũa systerna – 1

item em quaza de francisco fernandez aRiaça hum poso – 1

item catarina sãoches hum poso – 1

item andre aRanha hum poso e hũa systerna – 2

item em quaza de greguorio Rodriguez hũa systerna – 1

item a quaza de catarina da quosta hum poso – 1

item a quaza do sãoqristão hum poso – 1

---

327   Ms.: folio rasgado.
328   Ms.: folio rasgado.
329   Ms.: folio rasgado.
330   Ms.: folio rasgado.
331   Ms.: folio rasgado.
332   Ms.: folio rasgado.
333   Ms.: folio rasgado.
334   Ms.: folio rasgado.

item no quastello –

item em quaza de francisco llopez guoro [sic] hum poso – 1

[fl. 43v]

[item] […]335 Raiz […]336 – 1

[item] […]337 barboza hũa [systerna] – 1

[item] […quaz]a338 do quapitão [… s]olldados339 hum poso – 1

[item em qu]aza340 de gonçalo d'omem 341 hum poso – 1

[item]342 em quaza de diogo llopez 343 Requeixo [sic] hum poso – 1

item em quaza d'ãoRique dias hum poso – 1

item em quaza d'ãoRique salles hũa systerna – 1

item em quaza de francisco vaz hum poso – 1

item em quaza de quãopos hum poso e hũa systerna – 2

item em quaza de catarina braba dois posos e hũa systerna – 3

item em quaza de pedro fernandez hum poso – 1

item em quaza jeronimo pimto hum poso – 1

item em quaza de qristouão afonso hũa systerna – 1

item em quaza de francisco diaz hũa systerna – 1

item em quaza de pedro afomso hum poso – 1

item em quaza de quosme vidall hum poso – 1

//

---

335   Ms.: folio rasgado.
336   Ms.: folio rasgado.
337   Ms.: folio rasgado.
338   Ms.: folio rasgado.
339   Ms.: folio rasgado.
340   Ms.: folio rasgado.
341   Ms.: folio rasgado.
342   Ms.: folio rasgado.
343   Ms.: folio rasgado.

item em quaza de [344] hum poso – [1] [345]

item em quaza d'aõtonio fallquom hum poso – 1

item em quaza de mestre antonio hũa systerna – 1

item em quaza de symão vaz hum poso – 1

item em quaza de jeronimo vieira hum poso – 1 [346]

   [fl. 44]

[item] [347] […] [348] hum poso – [1] [349]

item em quaza de pinheiro hum poso – 1

item em quaza de gusmão hum poso – 1

item em quaza de bellchior pirez hũa systerna – 1

item em quaza de manuell pachequo hum poso e hũa sisterna – 2

item em quaza de gaspar fernandez hum poso – 1

item em quaza d'afomso garo [sic] hum poso – 1

item em quaza de francisco fernandez hũa systerna – 1

item no tereiro de são braz duas systernas – 2

item em quaza de bastião d'afomsequa hũa systerna – 1

item em quaza de quanhoto hum poso – 1

item em quaza de gill d'azãobuja hũa systerna e hum poso – 2

item em quaza de bastião quocho hum poso e hũa systerna – 2

[item] [350] […] [351] hum poso – [1] [352]

---

344   Ms.: folio rasgado.

345   Ms.: folio rasgado.

346   Ms.: rasura sobre "item em quaza de".

347   Ms.: folio rasgado.

348   Ms.: folio rasgado.

349   Ms.: folio rasgado.

350   Ms.: folio rasgado.

351   Ms.: folio rasgado.

352   Ms.: folio rasgado.

item a porta [...]³⁵³ [hum] poso e hũa si[sterna – 2]³⁵⁴

item a de jeronimo magro h[...]³⁵⁵

item a de jeronimo quamello h[...]³⁵⁶ systerna – [...]³⁵⁷

item fernão Rodriguez ³⁵⁸ sys[...]³⁵⁹

item pedro aRaiz hũa systerna – [1]³⁶⁰

item lluis de faria hũa systerna – [1]³⁶¹

item em quaza de pedro llopez hum poso – 1

item a sogra d'ãotonio llopez hũa systerna – 1

---

a praça

item em quaza de vasco d'oia [sic] hum poso – 1

item a de jeronimo sãoches hum poso – 1

item domingos pimto hum poso – 1

item manoell fernandez dois posos – 2

item na se hũa systerna – 1

item em quaza de symoa matoza hũa systerna e hum poso – 2

item giomar madeira hum poso – 1

item alluaro moniz hum poso – 1

item na trimdade tres posos e hũa sisterna – 4

item jeronimo de são douall hum poso – 1

item em quaza de salluador hum poso – 1

---

353   Ms.: folio rasgado.
354   Ms.: folio rasgado.
355   Ms.: folio rasgado.
356   Ms.: folio rasgado.
357   Ms.: folio rasgado.
358   Ms.: rasura sobre "hũa".
359   Ms.: folio rasgado.
360   Ms.: folio rasgado.
361   Ms.: folio rasgado.

item em quaza d'ãotom monjz hum poso – 1

item a de sallamãoqua hũa sisterna – 1

[fl. 44v]

[item][362] – 1

[item][363] hum poso – 1

[item] [...][364] abreu hum [... guo][365] dois – 2

[item][366] as de domingos quar [... ntas][367] dois posos – 2

---

[368] do asougue e da [369]

[item em quasa][370] de manoell Romeira [371] hum poso – 1

[item][372] em quaza de jeronimo guellez hum poso – 1

item em quaza de guaspar diaz hum poso – 1

item em quaza de gonçalo fernandez hum poso – 1

item em quaza d'allomso pimto hum poso – 1

item em quaza de Rui berto hum poso – 1

item em quaza de pedro fernandez pallma hum poso e hũa systerna – 2

item em quaza do emparelhador hum poso – 1

item em quaza de jeronimo d'azamor hum poso – 1

item em quaza de antonio d'esquimor hum poso – 1

item em quaza d'ãodre llopez hum poso – 1

---

362 Ms.: folio rasgado.
363 Ms.: folio rasgado.
364 Ms.: folio rasgado.
365 Ms.: folio rasgado.
366 Ms.: folio rasgado.
367 Ms.: folio rasgado.
368 Ms.: folio rasgado.
369 Ms.: folio rasgado.
370 Ms.: folio rasgado.
371 Ms.: folio rasgado.
372 Ms.: folio rasgado.

item em quaza de bastião da syllua hum poso – 1

[item]³⁷³ em quaza de balltezar [de] sousa hum poso – [1]³⁷⁴

item em quaza de pedro de sousa hum poso – 1

item em quaza de bastião afonso hum poso e hũa systerna – 2

item em quaza de frois de sousa hum poso – 1

item em quaza de barboza hum poso – 1

item em quaza da boquara [sic] hum poso – 1

item em quaza de fernão diaz hũa systerna – 1

item em quaza de gaspar memdes hum poso – 1

item em quaza de pedro vieira hum poso – 1

item em quaza de francisco llopez hum poso – 1

item em quaza de domingos quarneiro dois posos e hũa systerna – 3

item em quaza de Rodrigo xumell dois posos e hũa systerna – 3

item em quaza do allquaide domor [sic] hum poso – 1

item em quaza d'afomseqa hum poso – 1

item em quaza do adaill hum poso e hũa systerna – 2

 [fl. 45]

[item] [...]³⁷⁵ d'orta hũa systerna – 1

item cm quaza de duarte vaz hum poso – 1

item em são dominguos hum poso e hũa systerna – 2

item em quaza de fauella [sic] hum poso e hũa systerna – 2

item as quazas de qualireira hum poso e hũa sisterna – 2

item em quaza de jeronimo da quosta hum poso – 1

item em quaza d'allmoxarifado hum poso – 1

item em quaza de tristão teixeira hũa systerna – 1

---

373   Ms.: folio rasgado.

374   Ms.: folio rasgado.

375   Ms.: folio rasgado.

item em quaza de d*iog*o vaz hu*m* poso – 1

item em quaza de j*eroni*mo llour*en*co hu*m* poso – 1

item em quaza de gaspar da quosta hu*m* poso he hũa sisterna – 2

item em quaza de giralldo do g*onç*allvez hu*m* [*sic*][376] sisterna – 1

item ha Rua diR*ei*ta e traz do muro e são braz

item em quaza de d*iog*o de gouuea hu*m* poso e hũa systerna – 2

item em quaza de sebollinho hu*m* poso – 1

item em quaza de bastião d'ãodrade hu*m* poso – 1

item em quaza de p*edr*o d'ãodrade hu*m* poso – 1

item em quaza de symão de m*en*dosa hu*m* poso e hũa sisterna – 2

[…][377] hu*m* […][378]

item em quaza d[…][379]

item em quaza do […][380]

item em quaza de fern[ão] […][381] tres posos […][382]

item a quaza d'ana de bellez […][383]

item em quaza de Ramires […][384]

item em quaza de quosme llour*en*co h[…][385]

item em quaza de fr*ancis*co vaz hu*m* po[so][386] e hũa systerna – [2][387]

item em quaza d'allu*ar*o llopez hu*m* poso – [1][388]

---

376   N.E.: se debe leer "hũa".
377   Ms.: folio rasgado.
378   Ms.: folio rasgado.
379   Ms.: folio rasgado.
380   Ms.: folio rasgado.
381   Ms.: folio rasgado.
382   Ms.: folio rasgado.
383   Ms.: folio rasgado.
384   Ms.: folio rasgado.
385   Ms.: folio rasgado.
386   Ms.: folio rasgado.
387   Ms.: folio rasgado.
388   Ms.: folio rasgado.

it*em* e*m* quaza d'ãot*oni*o dãodrade hũa systerna – 1

it*em* e*m* quaza d'ãodre d'arqua hu*m* poso – 1

it*em* e*m* quaza de pallma hu*m* poso – 1

it*em* e*m* quaza de bras allemão [*sic*] hu*m* poso – 1

it*em* e*m* quaza de gaspar de sousa hu*m* poso – 1

it*em* e*m* quaza do m*e*stre da obra hu*m* poso e hũa systerna – 1

it*em* e*m* quaza de jeronjmo dias hu*m* poso – 1

---

it*em* a Rua de p*edr*o aRaiz e do co*n*tador e de são domi*n*gos e de m*ari*a de paiua e d'ana da quosta

it*em* a de j*eroni*mo nuñez hu*m* poso e hũa systerna - 2

it*em* e*m* quaza de p*edr*o aRaiz hu*m* poso - 1

it*em* e*m* quaza de d*i*og*o* d'ãodrade hu*m* poso - 1

[fl. 45v]

[it*em*] […][389] – 1

[it*em*] […][390] R*odrig*o diaz hu*m* […][391] – 1

[it*em*] […][392] de dona briatiz […][393] [dois] posos e hũa [syster]na[394] – 3

[it*em*] [fer][395]não da qunha hu*m* poso – 1

[it*em*] [f]eitor[396] d'allborqueque [*sic*] hu*m* poso e hũa systerna – 2

[it*em*][397] e*m* quaza de morais hu*m* poso – 1

it*em* e*m* quaza de manoell symois hu*m* poso – 1

it*em* e*m* quaza q*ue* e de R*odrig*o brabo hu*m* poso – 1

---

389   Ms.: folio rasgado.
390   Ms.: folio rasgado.
391   Ms.: folio rasgado.
392   Ms.: folio rasgado.
393   Ms.: folio rasgado.
394   Ms.: folio rasgado.
395   Ms.: folio rasgado.
396   Ms.: folio rasgado.
397   Ms.: folio rasgado.

item *em* quaza de bellchior m*oni*z hu*m* poso – 1

item *em* quaza de bellchior vieira hu*m* poso – 1

item *em* quaza de d*iogo* p*irez* dois posos – 2

item *em* quaza do sarguemto trez posos e hũa systerna – 4

item *em* quaza de p*edr*o de matos hu*m* poso – 1

item *em* quaza de fr*ancis*co vaz hu*m* poso – 1

item *em* quaza de viollãote p*erei*ra hũa systerna – 1

item *em* quaza de symão aRaiz hũa systerna– 1

item *em* quaza de pall[…]³⁹⁸ hũa systerna – 1

item *em* quaza do aRaiz hu*m* poso – 1

item *em* quaza d'ãot*oni*o m*oni*z hu*m* poso e hũa systerna – 2

item *em* quaza de quarualho hu*m* poso – 1

item *em* quaza de jeronimo a*n*tunez hu*m* poso – 1

item *em* quaza de quardozo hu*m* poso – 1

item *em* quaza de m*ari*a de paiua hũa systerna – 1

item *em* quaza do aRaiz hu*m* poso – 1

item *em* quaza de j*eroni*mo soays [*sic*] hu*m* poso – 1

item *em* quaza de fereira hũa systerna – 1

item *em* quaza d'ãot*oni*o qualldeira hu*m* poso – 1

item *em* quaza de martim vaz hu*m* poso – 1

item *em* quaza de p*edr*o afomso hu*m* poso – 1

item *em* quaza de jorge vieira hu*m* poso e hũa systerna – 2

item *em* quaza d'ãot*oni*o vaz hu*m* poso – 1

item *em* quaza de vellozo hu*m* poso – 1

---

398   Ms.: folio rasgado.

27. *Parecer enviado al rey D. Sebastião cuando estaba en el Algarve y, en la eventualidad de venir a África, qué precauciones habría de tener.* S.l. [Ceuta], s.d. [fines de agosto 1574][399] – Res., COL-Ceuta/Lv.01, fl. 46-47

[fl. 46]

+

parecer q*ue* se deu a s*ua* a*lteza* quãodo foi ao algarue e poderiam
jr a seita e a tãogare quãodo mãodou o se*nho*r do*m* amtonjo

parece q*ue* v*ossa* a*lteza* a não deuja de se ir de taujla por que dali poderão mãodar todos e todos acode*m* ali mjlhor

semdo quaso que v*ossa* a*lteza* se va a seita ali avia destar e não jr a tãogare sem ter nele tamta gemte de cavalo quãota lhe seja necesaria pera amdar polo seu campo por que mal parecera estamdo v*ossa* a*lteza* co*m* pouca gemte corere*m* lhe tamtos mouros q*ue* ho posão fazer Recolher e pode ser q*ue* depresa e não se*m* periguo e depois q*ue* ho nao no deixem sair pola porta fora

alcaçare qujbir he mujto abastado de mãotim*en*tos e pode sostemtar mujta gemte

estamdo e*m* seita não lhe pode corer tãota gemte por tutuão ser mujto morto de fome e não nos poder soster

[fl. 46v] ho campo de tamgare como choue Recolhe mujta aguoa e*m* si e faze*m* logo tamanhos atoleiros que no jmv*er*no co*m* mujto trabalho se pode amdar por ela / polo que parece que tamta gera farão mjll de caualo no jmverno como poderão fazer dous mjll ou mais

ta*m*bem parece q*ue* v*ossa* a*lteza* não deuja de mãodar jr a gemte toda de caualo co*m* tamta prcsa pois isto he e*n*trada de sete*m*bro e todo ho jmverno não pude fazer mais que gastar e co*m* os apose*n*tamemtos apertados que não pode deixar de ser podem morer cavalos e omee*n*s e se e*n*trar o vemdaual que as veses dura dous meses ver se ha a cidade e*m* mujta nesesidade de mãotimemtos por q*ue* e*m* nenhũa maneira pode*m* ir africa co*m* ve*n*davais

polo que parece q*ue* v*ossa* a*lteza* deuja de mãodar que a gemte fose toda e*m* tãogere e*m* a e*n*trada de marco que e*n*tão se deue de comesar a gera

---

399 El autor del parecer habla que el rey no debería salir de Tavira, donde estuvo entre 21 y 22 en de agosto de 1574, yendo efectivamente para Ceuta el 23 y llegando a esta ciudad el 24 de agosto (Serrão, 1963: 69-70). Algo que el autor aún no sabe, por lo que este parecer habrá sido escrito a finales de agosto de 1574.

e tão bem os omeens não estão presebidos de dinheiro de caualos darmas com que logo posão partir aparelhados por este Recado de *vossa alteza* os tomar de supito e damdo lhe tempo todos irão [fl. 47] com menos trabalho e mjlhor vomtade [e][400] bem apresebidos / e os omeens que am dir ag[ora][401] queria que fosem contemtes e alegres e com alu[o]roso[402] por que irem tristes e descontemtes / ja vão desbaratados /

+

e parece que pasãodo *vossa alteza em* seita seiscemtos de cavalo pode amdar pelo seu campo e montar o que a tera der lugar / e tão bem dali por mar pode mãodar fazer algua gera com as suas gales albetosas [*sic*] corer aquela cousta[403] *scilicet* targa / gadaleu / ben namade / outros portos que ha de seita pera leuãote e corer aldeas que estão perto mas isto a *vossa alteza* de fazer por seus capitais e não por sua pesoa nem no mãodar fazer estãodo em africa

não digão os mouros o que diserão a el Rei dom pedro de castela

Rei dom pedro Rei dom pedro chica cavalgada as echu [*sic*]

---

400 Ms.: folio rasgado.
401 Ms.: folio rasgado.
402 Ms.: folio rasgado.
403 Ms.: se debe leer "costa".

28. *Parecer enviado al rey D. Sebastião con detalles geográficos y militares del Norte de África, a propósito de su viaje allí en 1578.* S.l. [Norte de África], s.d. [1576-1578] – Res., COL-Ceuta/Lv.01, fl. 48-49v

[fl. 48]

+

parecer q*ue* se deu a el Rei do*m* sabastião quãodo no ano
de 78 partia de lisboa na armada onde se perdeo

v*ossa* a*lteza* me diz que pasa e*m* africa e não me d[ ]⁴⁰⁴ detremjnação ne*m* a que parte vai / como [...]⁴⁰⁵ framcisquo pereira pestana⁴⁰⁶ lealdade de portug[al]⁴⁰⁷ me obriga fazer estas lembramcas

se v*ossa* a*lteza* quer tomar larache te*m* Rezão por ser jmportãote e nesesarjo por os jmnjgos [*sic*] não tomare*m* aquele porto / parece que co*m* tamanha armada e tãota gemte como v*ossa* a*lteza* te*m* ju*n*ta que e*m* partimdo daquj ⁴⁰⁸ e jr logo ⁴⁰⁹ directo a larache sem tomar outra tera que não saibão os mouros homde v*ossa* a*lteza* vai / e ⁴¹⁰ mãodar temperar as velas darmada de maneira que o dia que for visto da costa de berberia hese dia ade desembarcar e comete lo asi polo Rio asima como por hũa praia que esta abaixo de larache fazemdo asi não terei duujda q*ue* o tomara se*m* sãoge [*sic*]⁴¹¹ ou co*m* pouquo e quãoto mais tardar e*m* desembarcar mais lhe custara /

mas ade ver se pode soster larache depois de tomado por que larache esta hu*m* pedaso polo Rio demtro e da costa do mar / e nu*m* serco ⁴¹² de Rei poderoso co*m* dous mastos lhe tapara o Rio pera o socorere*m* e não podera ⁴¹³ ser socorjdo e na costa do mar não sei se te*m* dese*m*ba*i* [fl. 48v][...]⁴¹⁴ por o mar amdar se*m*pre de

---

404   Ms.: folio rasgado.

405   Ms.: folio rasgado.

406   N.E.: Francisco Pereira Pestana fue una de las voces que respondió en 1534 con su parecer al rey D. João III, sobre la continuidad y estrategia de la presencia portuguesa en el Norte de África (Cruz, 1997: 29-34, 107-115).

407   Ms.: folio rasgado.

408   Ms.: rasura sobre "deuja".

409   Ms.: rasura sobre "dir".

410   Ms.: rasura sobre "a de".

411   Ms.: se debe leer "sangue".

412   Ms.: rasura sobre "de".

413   Ms.: rasura sobre "e*n*trar".

414   Ms.: folio rasgado.

leva tirãodo algus [sic] [...][415] de leuãote [¿?] e não temdo desembarcacão [m]all[416] se pode socorer poor quãoto larache esta hum tiro despimgarda afastado da costa do mar polo lhe parece agora de fora que mall se podera socorer e soster /

jr senhor a sele[417] he hũa cidade gramde ou duas por que he sele[418] o nouo e sale o velho e pasa o Rio polo meio e o Rio não tem tão boa entrada como o de larache tem hũa pamsada do mar gramde e nunca da vento pera sair de demtro e a costa não tão navegauell e não pode armada deixar de ser ujsta hum dia ou dous ou mais e vir lha mujto socoro afora poder vir de fez que são vinte e sinco leguoas e a mjqujnes menos a maroquos são sasemta e mujta gemte que amda por aquele campo e estara mujto presebida parece deficutosa [sic] cousa jr sobrete por que custara mujto ou se tomara ou não

tomãodo se sele[419] tem sitio pera se soster por que sele [420] o [421] nouo que esta da bamda de ponemte que tem o castelo se pode fazer forte este em alto he chegado ao mar de fora do Rio e o mar tem bom sorgidoiro e com pouco trabalho se pode fazer camjnho do mar ao castelo por fora de Rio / mas sera este camjnho pera podere ir por ele quem for senhor do castelo

[fl. 49] do cabo de ge[422] não digo nada por que a [...][423] estão omeens que estiuerão nele e o sabe[m ...][424]

querer vossa alteza desembarcar segundo disem e marchar por teRa / a mester grande cãopo e não sei se he pouquo trimta mjll omees pratecos a metade arcabuseiros e pera trinta mjll omeens de gera irão sinquoenta mjll pesoas ou mais ora que mãotimemtos avera mester qujnhentos qujntais de biscouto cada dia e na tera nao sadachar[425] mãotimemto e não abastarão a vossa alteza dez mjll caros pera monjcois mãotimemtos fardajem do campo se estes caros amde leuar azemelas a mester mais mãotimento se os amde leuar bois quem ade dar de comer a vinte mjll bois / não ade ser demtro no aRaiall e de fora os mouros ho leuarão por que amdãodar sobre o campo qujnze ou vinte mjll mouros de cavalo grão parte arca-

---

415   Ms.: folio rasgado.
416   Ms.: folio rasgado.
417   Ms.: se debe leer "Salé".
418   Ms.: se debe leer "Salé".
419   Ms.: se debe leer "Salé".
420   Ms.: se debe leer "Salé".
421   Ms.: rasura sobre "velho".
422   Ms.: se debe leer "Guer".
423   Ms.: folio rasgado.
424   Ms.: folio rasgado.
425   Ms.: se debe leer "se há-de achar".

buseiros e e*m* se desmãodãodo o ome*m* he morto e pera guardare*m* estes bois das caretas[426] são nesesarios oito mjll de cavalo polo menos pera mãotime*n*tos destes cavalos avera mester dous mjll alqueires de trigo cada dia e digo a v*ossa* a*lteza* que ahimda q*ue* tudo isto leues [*sic*] que com mujto trabalho [427] se ade achar aguada por q*ue* he necesario hu*m* Rio por fo*n*te e posos não fartão este cãopo /

e não poderes mais saber parte dos vosos lugares ne*m* eles de vos por q*ue* os os camjnhos amde ser todos tomados [fl. 49v] [...][428] co*m* todos estes trabalhos e defeculdades v*ossa* a*lteza* toda [...][429] quer camjnhar a fez parece que co*m* menos [...][430] enco*n*vinje*n*tes podia ir dese*n*barcãodo na mamora e ir sempre ao lomgo do Rio por q*ue*le [...]a[431] se*m*pre aguoa e hũa ilharga segura e ho Rio vai ter demtro a fez / por que e*m* fez fazem navios de Remo de doze e quatorze bamcos e ve*m* ter a mamora e polo Rio asima não pode*m* ir se não quatro ou simquo legoas /

o Rio da mamora he o mjlhor que ha e*m* toda berberia boa e*n*trada e sempre da vento pera virdes pera fora mas he ja sinestro a nacão portegese por que ahi se perdeo o comde de linhares

mas este camjnho da mamora aviase primeiro de mãodar espiar pera ver se te*m* alguas defeculdades asi da bamda de pone*n*te como de leuãote e não sei se tem isto feito /

tão be*m* chegamdo a fez não adacha [*sic*][432] mãotime*n*tos e se os achar amde ser mujto pouquos e da vosa tera não pode*m* ir e nestas nesesidades ou lhe o q*ue* pode soseder

não digão a v*ossa* a*lteza* que se amde vir mouros parele tãoto que ho la virem por que querem tamanho mall a cristaos que o não amde fazer e semdo caso que o facão não se deue*m* de fiar deles / por que cada ves q*ue* podere*m* amdar mar treicão / e sempre se tenha os olhos njsto

---

426   Ms.: se debe leer "carretas".
427   Ms.: rasura sobre "aver".
428   Ms.: folio rasgado.
429   Ms.: folio rasgado.
430   Ms.: folio rasgado.
431   Ms.: folio rasgado.
432   Ms.: se debe leer "há-de achar".

29. [433]*Notas sobre la geografía del Norte de África, mencionando Argel, Lagunas (Mar Chica)*[434]*, Ceuta, Melilla, cabo de Antre Folco (Cabo de las Tres Forcas)*[435]*, Boseimas (Alhucemas)*[436]*, Beles (Peñón de Vélez de la Gomera), Castillo de Pescadores (Puerto Capaz o Jebha)*[437]*, Targa, Tetuán, Ceuta, Beliones, Alcázarseguer, "Guadalião" (Oued Alian), Tánger, Cabo Espartel, Piedra de los Molinos, Tagadarte (Oued Tahaddart), Arcila, Larache, La Mamora, Salé, etc.* **S.l. [Norte de África], s.d. [1576-1578]– Res., COL-Ceuta/ Lv.01, fl. 50-51v**

[fl. 50]

lembrancas [...][438]

dargell as lagunas ha cento e tamt[...][439]

---

433   N.E.: Este documento presenta algunos problemas, ya que las distancias en leguas que el texto indica parecen tener equivalencias distintas en metros o kilómetros. Así, de todas las verificaciones hechas sobre las distancias en línea recta entre los sitios aquí nombrados, se llegó a la conclusión de que fueron utilizadas unidades que aún con la misma denominación corresponden a valores distintos. Esto parece indicar que el el texto toma estos datos de dos fuentes distintas. En la primera la legua corresponde a una distancia de entre 2,5 y 3 Km, valores similares a los de la legua gálica de 2,2 km (Dassié, 1999). La segunda utiliza un valor cercano a los 6 km para la legua, o sea la legua marina de 18 al grado (6,172,4 m), comúnmente utilizada en Portugal al largo del siglo XVI (Cruz, 2009: 1038). Las distancias entre Mar Chica y Ceuta, Mar Chica y Melilla, Melilla y Cabo de las Tres Forcas, Alhucemas y Peñón de Vélez de la Gomera, Peñón de Vélez de la Gomera y Castillo de Pescadores, Peñón de Vélez de la Gomera e Isla Iris, Targa y Tetuán fueron medidas con una legua posiblemente derivada de la legua gálica. Las mediciones entre Argel y Mar Chica, Cabo de las Tres Forcas y Alhucemas, Tetuán y Ceuta, Ceuta y Castilejos, Ceuta y Beliones, Beliones y Perejil, Ceuta y Alcázarseguer, Alcázarseguer y Oued Alian, Tánger y Cabo Espartel, Oued Tahadart y Arcila, Larache y Alcazarquivir, Larache y Mamora, Mamora y Salé, Safí y Marrakech utilizan la legua marina de 18 al grado.

434   N.E.: Si tomamos las indicaciones geográficas del texto, Lagunas se encuentra a 6 leguas de Melilla hacia Levante, lo que coincide con la actual laguna de de Nador y su laguna, también designada por Mar Chica.

435   N.E.: La denomicación actual, Tres Forcas, parece ser una corrupción de "Antre Folco", un topónimo que surge en documentación del siglo XVI hasta el XIX como "Entrefolcos" (ej. Castries, 1921; Estébanez, 1844, p. 27)

436   N.E.: El nombre "Boseimas" sugiere una corrupción del topónimo árabe. También otros documentos del siglo XVI se refieren a esta localidad como "Buxemas" o "Bozema" (Gozalbes, 2015: 108).

437   N.E.: Este sitio fue conocido por Punta Pescadores o Puerto Capaz (Gozalbes, 2009: 339). Actualmente, se llama El Jebha (Gozalbes, en prensa).

438   Ms.: folio rasgado.

439   Ms.: folio rasgado.

das lagunas a ceita cem leguoas amtes menos q*ue* mais

as lagunas he hu*m* braco de mar por omde pode[*m* e*n*]trar[440] gales e galeois por gramdes que sejão [ ][441] de demtro pode*m* estar mjll velas por que de quatro ou si*n*q[uo][442] leguoas e a tera de rador he abastada / na e*n*trada he aRea

das lagunas a melilha que esta pera ponemte são seis leguoas

de melilha ao cabo damtrofolco ha seis leguoas te*m* por aly partilhas pera alguns naujos de Reino /

do cabo damtrefolco as boseimas ha dosouto ou vi*n*te leguoas tem baia e alguas ilhotas onde se pode habrigar tres e quatro navios de Remos e mais /

das boseimas a beles ha doze leguoas he tudo Rochas

de beles a castilho de pescadores avera outras doze legoas a duas leguas do beles esta hũa ilheta[443] onde se pode*m* abrigar de todo o tempo seis ou sete navios do Remo e toda esta costa de norte e nordeste he desabrigada tirãodo as beseimas e cabo dãotefolco [*sic*][444] e isto se co*n*tem de navios de Remo /

[fl. 50v] [de castilho de pescador]es[445] a targua ha doze leguas [...]o[446] camjnho ne*m* e*m* targa habriguo nenhu*m* [...]a[447] e ponemte /

[de targa a][448] tutuão ha doze leguoas e te*m* ho Rio de gadaleu[449] [...]so[450] omde não e*n*trão se não barqujnhos e os a remos [...][451] duas leguoas de tutuão não tem abriguo hũa legoa [... t]utuão[452] esta hũa cala que chamão camasarim / he ho [ab] riguo[453] de leũote pera simquo ou seis navios

---

440   Ms.: folio rasgado.

441   Ms.: folio rasgado.

442   Ms.: folio rasgado.

443   N.E.: Debe tratarse de la Isla Iris, a una distancia en línea recta de cerca de 6 km, lo que son aproximadamente las dos leguas que indica el autor.

444   Ms.: se debe leer "de Antre folco"

445   Ms.: folio rasgado.

446   Ms.: folio rasgado.

447   Ms.: folio rasgado.

448   Ms.: folio rasgado.

449   N.E.: Debe corresponder a una forma corrupta del topónimo Oued Laou, entre Targa y Tetuán.

450   Ms.: folio rasgado.

451   Ms.: folio rasgado.

452   Ms.: folio rasgado.

453   Ms.: folio rasgado.

[no][454] Rio de tutuão entrão nele galeotas de prea mar e no verão entrão navios mais pequenos e he nesesario as veses tirar masto e Remos e descaregar navio e a saida como não for leuãote sairão bem / poderão navios pequenos ir polo Rio aRiba ate hũa torinha que he mea leguoa [455] da bara e da torinha a tutuão sera quaise hũa leguoa / e nela ha vinhas e teras lavradias e perto de tutuão ha outras e arvoredo e o primcipall de moreiras /

de tutuão a seita são sete leguoas de seita ao castelejo hua legoa do castelejo a negrão duas leguoas de negrão ao salto ha duas leguoas e do salto a tutuão duas leguoas

de seita a bulhois ha duas leguoas pequenas e a helha[456] mea legoa e menos e vai almasa sires[457] [sic] guadaramell[458] e alcasare e de seita a alcasare são simquo leguoas e em todos estes portos podem estar com todo o tempo /

dalcasare a guadalião leguoa e mea de gadalião a mjsqujta hũa leguoa e mea da mjsqujta a tamgare duas leguoas e não são portos pera estar e de tãogare ao cabo despartell duas leguoas

de cabo despartell omde cortão as pedras dos moinhos podem estar com leuãote navios de Remo a sua vomtade e dos moinhos a tagadarte ha duas legoas tagadarte he Rio em que entrão navios de Remo de vinte bãocos e tem boa entrada

[fl. 51] de tagadarte arsila são duas leguoas [ ][459] são sinquo leguoas pequenas e no Rio podem entrar [...][460] se guardar como estão demtro são seguros [ ][461] core o Rio mujto e podem jr barcas pelo Rio aRiba ate omde esta a graciosa o Rio vem dalcasare qujbir e [...][462] outros Rios / e o Rio tera de larguo na boca pouquo [...][463] tiro de besta e a entrada he polo meio / da bamda dar[...]cha[464] e da bamda de larache he tera aleuãotada e ha pe[...][465] afastado da boca da bara polo Rio a

---

454   Ms.: folio rasgado.
455   Ms.: rasura sobre "de tutuão".
456   N.E.: Posiblemente una versión corrompida de Laila, conocida como Isla de Perejil.
457   N.E.: Derivado del topónimo Oued el Marsa.
458   N.E.: Debe tratarse de un derivado de Oued Rmel.
459   Ms.: folio rasgado.
460   Ms.: folio rasgado.
461   Ms.: folio rasgado.
462   Ms.: folio rasgado.
463   Ms.: folio rasgado.
464   Ms.: folio rasgado.
465   Ms.: folio rasgado.

[?] la hum tiro de berco t[…]⁴⁶⁶ bem posto que dez galeotas não podjão acabar de fazer hũa aguada nela e es[…]⁴⁶⁷ e afastado da pouoação larache tem hũa tera boa e o muro da vila sera dua lam[…]⁴⁶⁸ alto e he mujto estrito e de larache alquasare qujbir simquo legoas e de larache a jazem são outras simquo [ ]⁴⁶⁹ jazem he hum castelo pequeno tudo campina tem muitos aduares de rador /

de larache a mamora são vinte e simquo legoas tudo praia a Rio da mamora he o mjlhor Rio que ha em toda a costa de berberia e ho maiz [*sic*] he de boa entrada e sempre da vemto pera sair e disem que boa tera de rador mas despouoada este Rio da mamora vem de fez e vem se ajuntãodo outros e em fez se fazem navios de quatorze bamcos e vem polo Rio abaixo ate mamora / e da mamora a fez são vinte e simquo legoas e em todo Rio morem sauees e mais avãote de fez

da mamora a sele⁴⁷⁰ são ⁴⁷¹ sinquo leguoas o Rio de sele⁴⁷² tem hũa pãocada de mar na entrada he Rio que mujto pouquas veses da vento pera sair dele e a saida he perigosa por aquela pamcada do mar sale o velho quãodo entrais fica a mão escerda⁴⁷³ e sale o nouo a mão ⁴⁷⁴ direita a forteleza esta em sale o nouo esta hum pouquo alto e apegado com o mar que o pouquo custo podiam fazer escada que da praia fosem asima ao castelo sem entrar no Rio e tem bom sorgidoiro de fora de Sale a fez tão bem serão vinte e sinquo legoas e de sale a maroquos serão sinquoenta pouquo mais ou menos / o muro do castelo he ordenario nao he forte da bamda da Rocha do mar e das outras m[?]⁴⁷⁵ mas ha mester batido e deRabado

[fl. 51v] […]⁴⁷⁶ de tãogare e darzila a fez he tudo quaise hum camj[nho …]a⁴⁷⁷ legoas pouquo mais […]⁴⁷⁸ poquos serão setemta legoas e de maroquos ao cabo de [ ]⁴⁷⁹ quoenta por seras e mujto mão camjnho

---

466 Ms.: folio rasgado.
467 Ms.: folio rasgado.
468 Ms.: folio rasgado.
469 Ms.: folio rasgado.
470 Ms.: se debe leer "Salé".
471 Ms.: rasura sobre "vinte".
472 Ms.: se debe leer "Salé".
473 Ms.: se debe leer "esquerda".
474 Ms.: rasura sobre "esquerda".
475 Ms.: se debe leer "Salé".
476 Ms.: folio rasgado.
477 Ms.: se debe leer "Salé".
478 Ms.: folio rasgado.
479 Ms.: folio rasgado.

[…]aguns[480] he o barco de safim siquo leguoas e daquele Rio a ma[ro]quos[481] a pouquo mais de vinte legoas o Rio vem de maroquos mas pe[que]no[482] e a quatro legoas se ajuntão outros que logo comesa a vir gramde e por este camjnho pode jr hum cãopo a maroquos porque vão seguros dua ilharga e leuão aguoa de que aquela tera he nesesitada posto que em alguas partes não tem bom camjnho mas podem leuar artelharia que qujserem

os castelos que tem berberia

fez

fez / tutuão / xuxuão he hum castelo pequeno na sera / alcasare qujbir cidade sercada / larache / jazem / mjqujnes cidade sercada / tedola / vaa a ser do Reino de fez / maroquos azamor safim e na sera tem dous casteletes

o Reino de sus he turudãote cabo de gue[483]

484

---

480   Ms.: folio rasgado.
481   Ms.: folio rasgado.
482   Ms.: folio rasgado.
483   Ms.: se debe leer "Guer".
484   Ms.: rasura sobre "das lagunas a seita sera cem leguoas ou menos".

30. *Parecer enviado al rey de Portugal sobre Tetuán, indicando en primer lugar la distancia que había entre esta ciudad y Ceuta, y describiendo su territorio y defensas.* S.l. [Ceuta], s.d. [1576-1578] – Res., COL-Ceuta/Lv.01, fl. 52-52v

[fl. 52] [t]utuão[485] são sete [ ][486] castelejo a negrães são duas legoas peque[ ][487] duas leguoas boas do salto a tutuão são [ ][488]

parecer que se deu a *sua alteza* a[…][489] tutuão

de seita a entrada do Rio de tutuão avera seis leg[uas]

o Rio de tutuão na entrada tem sete e oito pa[…][490] dagua de prea mar e de baixa mar tem pouq[uo][491] mais de tres / e ventando leuãote quem estiuer dentro no Rio não pode sair pera fora com todo o outro tempo sem / tirãodo norte e nordeste

da boca da bara a hua torinha que tem a mea legoa e ja ha torinha não podem chegar se não navios pequenos /

da torinha a tututão ha hũa leguoa ahimda por ho Rio aRiba podem jr bateis pequenos de pouquo fundo a metade desta leguoa [492] com trabalho mas hem deamte dentro [?] /

da torinha por diamte amdar por tera a quall he de mujtas vinhas e mujto arvoredo de moreiras arvores de pinho e outras em que há mujtos valados e sebes que os omeens tem pera guarda de suas fazemdas /

em tutuão avera dous mjll tiradores espimgardeiros e besteiros e lamceiros mujto mais se lhe derem espaso de dous dias a cada ilha qujnze mjll omees e se for mais espaco que dous dias acoderlhão [*sic*] trinta mjll omeens e gente de cavalo /

afora estes tiradores e gemte do pe tem tutuão qujnhentos de cavalo/

[fl. 52v] [… se] rcado[493] de muro e tem cava tudo fraco […][494] muros esta a metade da pouoacão sem nenhũa

---

485   Ms.: folio rasgado.
486   Ms.: folio rasgado.
487   Ms.: folio rasgado.
488   Ms.: folio rasgado.
489   Ms.: folio rasgado.
490   Ms.: folio rasgado.
491   Ms.: folio rasgado.
492   Ms.: rasura sobre "mas".
493   Ms.: folio rasgado.
494   Ms.: folio rasgado.

quem ouver de tomar tutuão sera necesario tupar ha nova e pesas dartelharia pera deribar muro que he fraco e cava larga / e como o xarife tem nouas que ha armadas mãoda lhe mujtos arcabuseiros de gornicão [*sic*] /

quem ouver dir saquear tutuão não a dentrar no Rio a de desembarcar no salto e jr por tera que serão duas leguoas a tutuão e fica lhe o Rio a mão esquerda / por que por este camjnho vai por cãopo / e no salto porão sua gornjcão [*sic*]

pola outra bamda da tera que lhe fique o Rio a mão direita não ira bem por que vai por pe de seras e não bom camjnho / onde os barbaros daqueles outeiros com pedras e fumdas lhe podem fazer mujto dano e por este camjnho amdar mais de duas leguoas /

parece que pera saquear tutuão tomãodo de supito e sem se ele apreseber avera mester mjll de cavalo e polo menos doze ou qujnze mjll omeens de pe e o negosio a se de [*sic*]⁴⁹⁵ fazer ate tres dias por que querendo aguardar mais acudira mujta gemte /

mas isto não deue hum Rei fazer por si que he pouquo pareles se não mãodalo fazer por seus capitais /

---

495 Ms.: se debe leer "há-de-se".

31. *Apunte con las distancias alrededor de Lagunas y Melilla*. S.l., s.d. [1576-1578] – Reservados, COL-Ceuta / Lv.01, fl. 53

[fl. 53]

[…][496] da bãoda de be[…][497]

porto farinha q*ue* são si*n*quo leg[oas …][498] pone*n*te pode*m* caber qujnhe*n*tas ve[las…][499]

e*m* bogia caberão[500] outros tãotos naujos […][501]

marsisiano[502] sete legoas dourão[503] pera leuãote […][504] duze*n*tos naujos

e*m* masar qujber[505] hũa legoa dourão pera pone*n*te po[…][506] caber mjll naujos

as lagunas[507] q*ue* são tres legoas de melilha pera leuãote pode*m* caber dous mjll naujos se*m* de*n*tro aver core*n*te ne*m* cousa q*ue* lhe faca nojo e a tera de Rador abastada a e*n*trada he por aRea mas te*m* na boca uj*n*te palmos daguoa

fuj

---

496   Ms.: folio rasgado.
497   Ms.: folio rasgado.
498   Ms.: folio rasgado.
499   Ms.: folio rasgado.
500   Ms.: corregido de "capi".
501   Ms.: folio rasgado.
502   N.E.: deberá localizarse en la actual bahía de Arzeu, Bethioua y Marsat El Hadjadj.
503   Ms.: se debe leer "de Orão".
504   Ms.: folio rasgado.
505   N.E.: actual Mers-el-Kébir.
506   Ms.: folio rasgado.
507   N.E.: actual Lagune de Marchica.

REFERENCIAS BIBLIOGRÁFICAS

ANSELMO, Artur (1981) – *Origens da Imprensa em Portugal*. Lisboa

BRIQUET, C. M. (1966) – *Les Filigranes. Dictionnaire historique des Marques du Papier dès leus apparition vers 1282 jusqu'en 1600*. 4 vols. New York.

CASTRIES, Henry de (1921) – *Les sources inédites de l'histoire du Maroc. Archives et Bibliotèques d'Espagne*, tm. 1.

CORREA DE FRANCA, Alejandro (1999 [c. 1750]) – *Historia de la mui noble y fidelíssima ciudad de Ceuta*. Ceuta: Ciudad Autónoma de Ceuta, Consejería de Educación y Cultura.

CRUZ, João José de Sousa (2009) – Do Pé Real à Légua da Póvoa. *Revista Militar*, n.º 2491/2192, pp. 1035-1054.

CRUZ, Maria Leonor García da (1997) – As controvérsias ao tempo de D. João III sobre a política portuguesa no Norte de África. *Mare Liberum*, 13, pp. 123-199

CURTO, Diogo Ramada, coord. (2003) – *Bibliografia da História do Livro em Portugal: séculos XV-XIX*. Lisboa: BNP.

DASSIÉ, Jacques (1999) – La grande lieue gauloise. Approche méthodologique de la métrique des voies. *Gallia*, nº 56, pp. 285-311.

Dessenho da cidade e fortaleza de Cejta com discripçao da terra da Almina e da do Campo de Berberia, [1643]. AGS. Guerra y Marina, Legajos, 01518 [AGS, MPD, 12, 078]

DIAS, João José Alves (1994) – *Iniciação à Bibliofilia*. Lisboa: Pró-Associação Portuguesa de Alfarrabistas.

ESTÉBANEZ CALDERÓN, Serafín (1844) – *Manual del oficial en Marruecos o Cuadro geográfico, estadístico, histórico, político y militar de aquel Imperio*. Madrid: Imprenta de Ignacio Boix Editor

GAUDRIAULT, Raymond (2005) – Filigrane. In *Dictionnaire encyclopédique du Livre*, vol. E-M. Tours: Electre-Éditions du Cercle de la Librairie.

GAYO, Felgueiras (1940) – *Nobiliário de famílias de Portugal*, vol. 22. Braga: Tip. Augusto Costa & C.ª Lta.

GODINHO, Rui Landeiro (2003) – A Armada do estreito de Gibraltar no século XVI. In *A Guerra Naval no Norte de África (Séculos XV-XIX)*. Lisboa: Comissão Cultural da Marinha, pp. 117-137.

GOZALBES CRAVIOTO, Carlos (2009) – La costa del Rif en la cartografía medieval. In *VII Estudios de Frontera. Islam y Cristiandad. Siglos XII-XVI. Homenaje a Mª Jesús Viguera Molins*. Jaén: Diputación Provincial de Jaén, pp. 339-359.

GOZALBES CRAVIOTO, Carlos (2015) – Al Mazamma (Alhucemas) en la cartografía medieval. *Cuadernos del Archivo General*, 20, pp. 93-110.

GOZALBES CRAVIOTO, Carlos (en prensa) – El castillo de Pescadores (Cobluca-Cherchel - Puerto Capaz - Yebha). *XXIII Jornadas de Historia de Ceuta. FORTIVS. Fortificaciones en el extremo occidental norteafricano*. Ceuta: Instituto de Estudios Ceutíes.

GURRIARÁN DAZA, Pedro; SÁEZ RODRÍGUEZ, Ángel J.; GARCÍA VILLALOBOS, Salvador (2011). El conjunto histórico del recinto del Hacho de Ceuta. Elementos del siglo XVIII. *Almoraima*, 42, pp. 409-443.

IPH (International Association of Paper Historians) Norm 2.1.1(2013) Español. Acceso disponible en: http://www.paperhistory.org/Standards/IPHN2.1.1_es.pdf. Último acceso en: 20 de diciembre de 2022

MASCARENHAS, Jeronimo de (1918 [1648]) – *História de la ciudad de Ceuta*. Lisboa: Academia de Ciências de Lisboa

MELO, Arnaldo Faria de Ataíde e (1926) – *O Papel como Elemento de Identificação*. Lisboa: Biblioteca Nacional de Portugal.

NUNES, Eduardo Borges (1969) – *Álbum de Paleografia Portuguesa*. Vol. I. Lisboa: Centro de Alta Cultura, Centro de Estudos Históricos da Faculdade de Letras da Universidade de Lisboa.

Sagrada Biblia. Versión oficial de la CEE. Perroy: Ediciones bíblicas, 2014.

SANTOS, Maria José Ferreira dos Santos (2015) – *Marcas de Água: séculos XIV-XIX. Colecção TECNICELPA*. Tomar / Santa Maria da Feira: Tecnicelpa - Associação Portuguesa dos Técnicos das Indústrias de Celulose e Papel / Câmara Municipal de Santa Maria da Feira

SERRÃO, Joaquim Veríssimo (1963) – *Itinerários de El-Rei D. Sebastião*. Vol. II. Lisboa: Academia Portuguesa de História

SOUSA, António Caetano de (1745) – *História Genealógica da Casa Real Portugueza*, tm. XI. Lisboa: Regia Officina Sylviana y Academia Real

TORRES, Joana Bento (2021) – *Ceuta entre los siglos XV y XVI en Archivos Portugueses. Contribución para un guía documental*. Ceuta: Ciudad Autónoma de Ceuta, Consejería de Educación y Cultura, Archivo General de Ceuta.